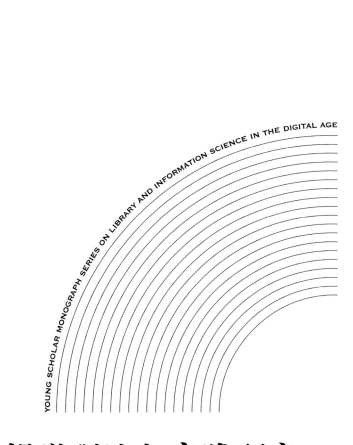

数字时代图书馆学情报学青年论丛（第三辑）

YOUNG SCHOLAR MONOGRAPH SERIES ON LIBRARY AND INFORMATION SCIENCE IN THE DIGITAL AGE

林穗芳编辑学理论与实践研究

Lin Suifang's Editing Theory and Practice

蔡姗　著

WUHAN UNIVERSITY PRESS
武汉大学出版社

图书在版编目(CIP)数据

林穗芳编辑学理论与实践研究/蔡姗著.—武汉：武汉大学出版社，
2024.8
数字时代图书馆学情报学青年论丛. 第三辑
ISBN 978-7-307-24037-7

Ⅰ.林…　Ⅱ.蔡…　Ⅲ.编辑学—研究　Ⅳ.G232

中国国家版本馆 CIP 数据核字(2023)第 190460 号

责任编辑:詹　蜜　　　责任校对:鄢春梅　　　版式设计:马　佳

出版发行:**武汉大学出版社**　(430072　武昌　珞珈山)
　　　　　(电子邮箱:cbs22@whu.edu.cn　网址:www.wdp.com.cn)
印刷:武汉邮科印务有限公司
开本:720×1000　1/16　印张:16　字数:228 千字　插页:2
版次:2024 年 8 月第 1 版　　2024 年 8 月第 1 次印刷
ISBN 978-7-307-24037-7　　定价:75.00 元

一个编辑家的历史细节与
编辑学理论品质

非题外话

2021 年 9 月 22 日，蔡学俭先生给我发来短信：

> 蔡姗写了一本关于林穗芳编辑与实践研究的书，基础是原博士论文。她想请你写一篇序言，以光篇幅。林老你很熟悉，他的编辑理论与实际经验非常丰富，但目前对他的研究很少。刘杲老为他的自选集写过一篇序，可惜自选集没能出版。蔡姗的博士论文包括全部著作的研究，虽然谈不上尽善尽美，但做了艰苦的研究，有些地方有独到的见解。

蔡老爱才，在出版界流传颇广，湖北出版界更是交口称赞。我在郑州谋事时，他关心关注我的工作，在知晓我潜心于出版史论研究后，曾多次与我倾心交谈，温言细语呵护我心灵成长，厚谊铭感，蔡老耄耋之年依然不忘为我提供学习思考机会。我不敢怠慢，答曰交稿时间定在 2022 年春节后。蔡姗随后发来书稿，自谦地说为她"拙作引领方向"。我自己清楚，在研究过龙世辉、茅盾、秦兆阳、戴文葆、陈昕、刘硕良等编辑出版人物个案后，也该沉思谋

1

求突破出版人物个案的研究方法了。

睹稿思人，我不禁回忆起与林先生的交往。

我与林穗芳先生的交往始于 1993 年 6 月。河南大学出版社在北京召开"龙世辉的编辑生涯——从《林海雪原》到《芙蓉镇》的编审历程"座谈会，拟请的与会专家名单中有林先生，请柬是我送到他家的。那时他住北京市外交部街人民出版社宿舍，和戴文葆、吴道弘先生同住一楼。1996 年我调任北京印刷学院出版系，稍多地读过林先生的文字，有一个突出印象：林先生的著述无一句无来历。1999 年 9 月，借中国编辑研究资料中心成立之机，出版系聘请了戴文葆、林穗芳等一批知名编辑家为兼职教授，名单还请出版署有关领导过目。那时高校经费殊为有限，我也想办班创收，好不容易争取到一个新编辑上岗培训班，便于 1999 年秋请林先生讲授书籍辅文。记得他在授课中批评某些书中有"书前"写了什么、"书后"刊载了什么等类似句子，他质问："书前"在哪里？"书后"又在哪里？我初听也很茫然，细听后理解了林先生的意思，顿生敬意。书是一个整体、一个实物，"书前""书后"均在书外，那个空间是不确定的、空的，不可能承载文字，因而他主张用"卷首""卷末"来代替。课后我递上讲课费，他当面从信封中取出钱来，一张一张地数了一遍，动作很慢很轻，像一笔一画写字似的，数完后才抬起头来微笑点头。我站在旁边并不感到难堪，觉得和刚刚听他讲课一样蛮有意趣，值得回味。

2000 年 2 月，林先生签赠我《标点符号的学习应用》一书。我知道他专擅于语言文字，此前也曾就写作中的标点符号在电话中多次讨教，总能得到满意的解决方案。有一次担心电话中说不清，还写信过去，先生很快回复我打印出来的信。我从没想过就标点符号也可以写一部 40 万字的专著。该书出版后不久，版权输出到台湾地区，更显其超意识形态的独特价值。那年 12 月，我请他给出版系师生做专题讲座。为了在有限的时间里听到更丰富的知识和经验，我安排一位青年教师给先生做助教：先把讲课内容的要点和例证做成幻灯片，讲课时帮他放投影——现在看来与计算机软件处理的 PPT 相比非常简易，但那时幻灯片就算较先进了。

最后一次见林先生是 2009 年夏天，我添列编委参加《中国编辑研究》召开的编委会。当时《中国编辑研究》的原主编阙道隆先生已去世，环顾会场，颇多失落感。会议进行中，林穗芳先生和吴道弘先生出现在门口，大家都很高兴，气氛也活跃起来。会议逐篇讨论稿子，林先生发言时讲，他最近找到了他哥哥出生日期的新材料，据此判定他自己的出生年月搞错了，他要设法将此考证清楚。我初听表现出兴趣，以为由小见大，反映了林先生的为学和为人。但直到午餐时他还多次说起想做考证，我才略感不安。那天会后我恰好要去人民文学出版社办事，而道弘先生、穗芳先生也想回人民出版社看看，我便邀他们打车同行，略尽晚辈心意。不想下车时，林先生执意由他付出租车费。道弘老轻声说，他一定要付，你就让他付吧。那年年底，听到了林先生去世的消息。回想那次会上，道弘老一直让林先生走在前边，像搀扶又不是搀扶，他是知道林先生病情的，我则因为粗心而没有细想多问。彼时我尚无老人生病失能的概念，后来每每想起都内心隐痛。如果我记忆没错，那也是《中国编辑研究》的最后一次编委会。那次讨论的一辑年刊至 2015 年才出版，后来也没有继续了。

今年春节期间我抛开他事，又集中学习了一位关心林穗芳研究的友人收集整理的有关资料及未刊书信。重读林先生的代表性文章，一连串的事实和"反事实"时常闪烁在思绪里。事实是：林先生 2009 年去世后，"编辑出版学名词"编制工作才获准于 2011 年立项，成立编辑出版学名词审定委员会；又过了 10 年，《编辑与出版学名词》才由全国科学技术名词审定委员会正式公布。"反事实"是：（一）如果林穗芳先生在世，以他的专业地位和学术旨趣应该是领衔或参与这个编委会的，他参与研制的编辑学出版学名词该是另外的概念图谱吧，甚至是不同的时间节奏进程吗？（二）如果我没有参与《编辑与出版学名词》的研制，我能像今天这样理解、认同林先生的编辑学出版学进路和旨趣吗？在这个时刻，再说什么话已经显得轻飘，但还是得说：我错过了这一个于过往殊为难得、于现在及未来殊为关键的编辑学人物个案；我错失了向先生求学问道的宝贵机会；如果能及时理解、学习、追摹他的编辑学、出版学方法论思想，我的编辑出版理论成果可能更为精粹，而我那时剑走偏锋，沉浸在期刊中。年轻人都在试错中成长，但愿中老年人在试错中继续精神发育。我更清醒的是，试错成本过于高昂。

再回到蔡姗博士的书稿，应该说这是一个很有价值的选题。林穗芳先生属于编辑学理论的创始群体，虽不是旗帜，但是标杆。其重要性在于，如果离开了对林穗芳等编辑学家深入研读后的价值理性认同，编辑学出版学的理论研究就难以突破。最近十余年相关理论研究的徘徊、停滞也反向验证了这一推断。林穗芳作为标杆标示了编辑出版工作中语文规范、出版规范和编辑学方法规范曾经达到的深度，其水平目前无人能及①，且有断裂难继之忧。蔡姗梳理林先生这一编辑实践和编辑学实践卓异浑成的个案，选题确有眼光，伴随而来的难度则是如何开拓创新点，这是我们后辈不懈地追求的目标。

一、共和国青年林穗芳

"共和国青年"这一自组词用以指称1949年10月新中国成立前后开始其职业生涯的人群，青春年华的第一个职业身份由新中国赋予是其鲜明的区别性代际特征。来自新中国而不是旧中国的职业激励既让他们自豪也注定要让他们这一代人更深重地伴随中华人民共和国的成长与苦难。历史应该更深刻地关注、研究这一代人，正如历史已经初步言说了恢复高考后的三届大学生。20世纪八九十年代的出版史就是这一拨"共和国青年"的中年篇章。

"一个人在若干'世代'中的地位决定于他在20多岁时所受

---

① 刘光裕先生在《文章千古事，得失寸心知——纪念林穗芳先生逝世四周年》中说，"林穗芳是当今出版界语文修养最优者之一"，"凡论证问题如出版概念、历时性汉语词典等，征引国外资料之丰富与全面，为海内唯一，迄今无人可及。"见《济南大学学报》（社会科学版）2013年第6期。

到的影响"①，这诚然是真假存疑、可信可不信的假定，但不妨碍导入"共和国青年"作为历史视角解析林穗芳所在的那个编辑家出版家群体，必要而未必充分。如果运用恰当，既有助于认识那群体的共性，也能有效揭示林穗芳等个体的个性。所以有限认同这一视角必要却未必充分有效，则是说，以此视角理解林穗芳所在的那个群体，未必能解决方法和对象之间的所有问题，舍弃这一视角则难以解释他们那个群体所以获得其专业成就的人生观、价值观、世界观意义上的基本问题。

林穗芳属于"共和国青年"群体。他1947年考入中山大学语言学系。1950年，北京新闻学校委托南方日报社在广州代为招生，他以第二名被录取。社长曾彦修面试时表示，如果他愿意，可以留在南方日报社工作。《南方日报》编委、副刊组长黄秋耘也写信邀约。北京新闻学校位居首都香山，以短期集训形式培养新中国紧缺的新闻出版人才，应者云集。面对两个机遇，林穗芳不是单一选择，而是双维合取，以放弃首都北京为代价换来工作、学习两不误：他每周在南方日报社工作六天，休息日返回中山大学上课，修完余下不多的几门课程。身处新中国伊始那样火红的年代，他终究是革命青年，毕业后投笔从戎，参加抗美援朝，在志愿军某部担任翻译。林穗芳就这样将革命青年与知识青年融为一体，革命理性和知识理性不是处理为单项选择题，而是冷静圆融地结合。在林穗芳之前，与他同时，有多少青年为了革命，或者说以革命的名义放弃学业。林穗芳既是革命青年更是知识青年而区别于他所属的"共和国青年"群体。林穗芳1947—1951年在中山大学语言学系的完整学历恰逢中国历史翻天覆地的变化，他的青春期卓异于同龄人的革命青春期，是他此后人生道路和理论品格坚实的形成因素。

1956年8月林穗芳调入人民出版社，其简单经过是：

大概是1956年春，我从东北一所军队转业干部小学校给

---

① ［美］约瑟夫·熊彼特. 从马克思到凯恩斯 十大经济学家［M］.宁嘉风，译. 北京：商务印书馆，2013：261.

人民出版社写信洽译一本俄文书。未想到不久之后收到的竟是曾彦修同志的回信，说他两年前已从广州调到北京，问我是否有可能来出版社工作，此后30年我和人民出版社结下"不解之缘"就这样开始了。

1951年我参加抗美援朝，离开《南方日报》以后没有同报社继续保持联系。在丹东意外收到曾彦修同志这封亲笔信，深为感动。分别多年，他还记得我这个在报社工作时间不长的见习编辑。1950年在跨进新闻出版界的大门之前接受他面试的情景又重新在脑海中映现。那年北京新闻学校在全国招生，广州地区委托《南方日报》代招。我当时还在中山大学读书，也报名投考。笔试通过了，还有口试一关要过，我按时赶到沙面报社大厦等候。听说社长要亲自单独面试，不知道要考什么问题，心里不免有点紧张。不久，一位身材颀长，比我们学校一些年轻讲师还要年轻的主考走进我正在等候的考室，看上去只有二十几岁，不超过三十岁，衣着朴素，同报社其他工作人员没有两样。真不敢相信来到自己跟前的就是当时担任中央华南分局宣传部副部长、主管分局机关报的曾彦修同志。新中国成立初期整个中山大学没有几个党员，连普通党员平日都难得见上一面。新中国成立后第一次有机会同党的高级领导干部进行单独的谈话，感到和党的距离顿时缩短了许多。口试就像谈心似的，从个人爱好、志愿，所学专业，以至家庭情况，是否团员等都问到了。他态度亲切，没有半点首长架子，我很快就不感到拘束了。《南方日报》刊登录取名单时把我排在第二名，可能是针对这一点，他解释说考第一名的是《香港大公报》记者，我的考试成绩不如他是很自然的。他讲到在延安时的生活，在北方还要吃小米窝头，生活比南方艰苦，对此要有思想准备。他说，你喜欢新闻工作，不一定要到老远的北方去，现在就可以做，边干边学，问我是否愿意留在报社工作。我表示回去同老师商量。报社编委、副刊组长黄秋耘同志随后也来信邀我去帮助编副刊。在曾、黄两位老同志的引导和促进下，我终于决定献身于现在仍在从事的职业——编辑工作。

6

　　半年多后，曾彦修因自定"右派"而离职人民出版社。历史的缝隙如此给林穗芳一个机遇，让他轻巧转身转场。人生与社会双线交织的曲面（而不是曲线）激发后人对曾、林面试细节的长久凝望。

　　林穗芳以"学会16种外语的编辑家"著称。1964年4月，人民出版社负责人王子野在本社表扬先进工作者的会上说：

　　　　我看了林穗芳同志努力学外文的事迹也很感动。他在七年中学会了十种外国语。他的老底子是俄文、英文两种，现在一共懂得十二种。非常难得的是这些外文都是从工作需要出发的，不单单是出于个人的兴趣爱好。领导分配他看朝鲜史，他就去学朝鲜文，分配他看从越南文翻译过来的书稿，他就去学越南文，其他文种也是这样学会的。要学会这么多的外文，而且靠独立自学，困难是不少的，但是林穗芳同志就有那股劲，肯下苦功夫，锲而不舍，非学到手不止①。

　　1964年夏天，林穗芳应中国科普协会的邀请去介绍自学外文的体会，报告稿发表在机械工业部主办的面向全国的刊物上。这时的"共和国青年"林穗芳已成长为"模范青年"，影响超出本单位本行业。

　　人民出版社是红色出版社，革命意识形态是红色比喻的本体内涵。人民出版社是政治出版社，但林穗芳并不热衷于政治，他在人民出版社终其一生，且颇早获得政府颁发的出版业最高荣誉。在单位身份意义上，他属于革命编辑家；他的修为和成就则是知识编辑家；他有可能尝试走出第三条道路而成为革命知识编辑家并以此著称，偏偏他生前不在意显赫声名，死后却有可能以编辑学家青史留名。稍一触摸，真是新中国出版史乃至新中国知识传播史的惊叹

7

---

　　① 王伊. 学会16种外语的编辑家［M］//中国出版工作者协会. 沿着韬奋的足迹（上）. 北京：线装书局，2004：136.

号。"共和国青年"是他的历史必然性，革命编辑家、革命出版家是他大概率的可选择空间，可他似乎执意于当好人民出版社的语言文字规范、出版规范工程师（自然也不是总工程师），以知识技术服务于所在单位。

从"共和国青年"到编辑家、编辑学家，林穗芳走过了近60年的征程。他何以走出这样的人生之路，到底是怎样的世界观、价值观引领他如此坚毅前行，有待进一步研究。基于目前材料，可追溯到三个关联事实：（一）在中山大学就读时，受到了一批旧中国饱学之士的知识熏陶，他的老师中有赵元任、李方桂、王力等一流名家，他师从岑麒祥、商承祚、严学窘等教授，研修普通语言学、古文字学、音韵学等专业课，选修了王宗炎的翻译课，这奠定了他一生的语文功底和学术理想。（二）中低职衔赋予他难得的思想自由。他在人民出版社职衔不高，工作近30年后才任政治编辑室主任，全室仅4人。临退休时所任职衔是人民出版社质量检查组组长。（三）他知晓多门外文，具备认知中国社会的另外窗口。至于这三个事实之间及与结果的因果或联想关系，同样有待进一步辨析求证。

 # 二、编辑家林穗芳

编辑家林穗芳是一个已经完成了论证，仅有待深化并揭示其丰富、独特内涵的事实命题。作为人民出版社乃至全国的第一批编审，作为人民出版社第二位荣获韬奋出版奖的编审，尽管评审过程未见披露，但可以肯定是相当严格谨慎的论证过程。这一奖项确认了他编辑出版实践的典范性，当然并不能确保对他研究的结果都具有实在的因果关联性，对他研究的结论都具有理论范式意义。研究对象意义上的典范个案、基于典范个案的研究与破译的理论成果是两个概念。从典范个案出发，追求高质量的个案研究成果有个"如何走出个案——从个案研究到扩展个案研究"的分析路径和操作方法问题，简言之，即如何处理个案之内、研究之中的"特殊性与普遍性、微观与宏观之间的关系"①。

曾有专家如此描述林穗芳1956年8月调入人民出版社后在外国历史编辑组的工作:

> 当时的人民出版社是全国唯一设有外史组的出版社。这个组选题范围广，出书任务重，每一个编辑都管许多方面的书稿。组长分配给林穗芳加工的第一部译稿是《古代埃及》，接着源源不绝而来的是《古代罗马史》《中世纪史》《拜占庭简史》《墨西哥史》《圣鞠斯特》《法国革命史》《法国工人运动史》《德国工会运动史》《德国历史的教训》《伊朗史纲》《1640年英国革命》《十六世纪尼德兰资产阶级革命》……组长那里好像有永不枯竭的稿库②。

林穗芳的工作主要是编辑加工书稿。这其实就是林穗芳在人民出版社工作一生的剪影:多编辑加工，少选题策划。少选题策划不是没选题策划或不选题策划。按编辑流程说，先有选题后有组稿、审稿和编辑加工，按编辑工作情境推断，他一定或多或少、或深或浅参与了诸多选题的论证。但是，目前公开的林穗芳著述和研究文献，林先生的语言文字规范、编辑加工理论丰富绝伦、美不胜收，但他对选题策划言说极少。如果据以推断林先生只是个案头编辑，他没有选题理论，那就大错特错了。人民出版社领导在一份材料中对林穗芳的评价是:"在工作上一直谦虚谨慎、治学态度严谨。他不矜己之长，不攻人之短，而且热情培养新生力量，循循善诱。从选题、组稿、审稿、加工、整理到发稿的整个过程，他都耐心指点，手把手地传、帮、带，辅导年轻编辑翻译文章、写书评。由于

---

① 卢晖临，李雪. 如何走出个案——从个案研究到扩展个案研究 [J]. 中国社会科学，2007 (1).

② 王伊. 学会16种外语的编辑家 [M] //中国出版工作者协会. 沿着韬奋的足迹 (上). 北京:线装书局，2004:133.

他的言传身教，使青年编辑同志迅速成长。"①

这段话重在肯定林先生的道德品性，也暗示他专擅编辑出版全流程。以人民出版社的政治出版社属性，以林穗芳的职衔，他的选题思想不是表现在论证通过且后来公开出版的选题中，即使他也曾参与那些选题的论证。他的选题思想更多地表现在质疑、否定的某些选题的未刊档案、文稿中，为数不少的审稿意见中的退修、退稿建议最显其选题思想，编辑加工报告最显其选题完善思想和完善选题的功力。说句直白的话，确定一个选题，林穗芳的话语未必有多大分量，而否定一个选题，林穗芳的话语颇有分量。以林先生的宅心仁厚，他当然不会轻易否定选题。唯其如此，质疑、否定才显可贵。就观察林穗芳的选题理论而言，真应该感谢学俭老的远见卓识，或者说对林穗芳的知遇之情：主编《出版科学》时，毫不吝啬篇幅发表林穗芳五万字长文《关于编纂历时性汉语新词典的设想》及其评论。那是林穗芳晚年的最后一搏，最集中表现林穗芳作为编辑家、语文学家的选题思想。选题发表后交口称赞，却难能实现，才更显这一编坛佳话的多元意蕴。我曾听说，某年林穗芳随中央机关某团考察三峡后途经武汉回北京，学俭老时在湖北省新闻出版局局长任上，恰遇湖北省政府召开一个会议，蔡局长向省领导请假陪林穗芳。真不知那佳话显示的是蔡老的品性还是林先生的价值，唯有感叹世易时移。

编辑家林穗芳以审稿精细、编辑加工规范精致为鲜明个性。他成名颇早。生活·读书·新知三联书店1962年出版德国欧伯曼著《共产主义者同盟史》（1849—1852），人民出版社老编辑宋家修翻译了前三章，后五章交林穗芳继续译完，林穗芳是联合署名的译者，时年33岁。1965年，生活·读书·新知三联书店出版王子野翻译的拉法格著《唯心史观和唯物史观》，首印两万册，版权页上醒目印着："本书所收的三篇文章，系根据1962年莫斯科出版的《拉法格文集》（三卷本）俄文版译出，其中《唯心史观和唯物史

---

① 王伊. 学会16种外语的编辑家［M］//中国出版工作者协会. 沿着韬奋的足迹（上）. 北京：线装书局，2004：137.

观》及所附饶勒斯的文章，曾请林穗芳同志按法文本校订过。"王子野是译者，也是人民出版社及副牌三联书店主要负责人。版权页如此标注，显示出译者对编辑的尊重、出版社领导对部下同事的尊重，而林先生的编辑能力、翻译水平也得到了充分印证。

编辑加工的本质是以编辑工序及其操作表现出来的语言文字规范与出版规范。对于编辑家林穗芳来说，既显他严谨、博学的编辑行为与个性，又是观察、理解他为人为学为文的整体视角和窗口。有同事称道他：

> 林老师认真极了，凡是经他处理过的稿子，他都认认真真从头到尾审校。一些小语种译稿，青年编辑改过后，他一一复核，注意给书稿加注释、编索引。林老师不但编书认真，我们写的文章，他帮我们改。大学送来的博士论文要写评语；其他出版社认为未达到出版水平但又有一定价值的译稿，只要求到他，他总是认真负责地提出意见，或仔细帮助修改完成①。

百花文艺出版社徐柏容先生 1999 年出版了个人专著《编辑创意论》，林穗芳在《出版科学》2000 年第 4 期发表了《编辑学研究深化的可喜成果——读徐柏容先生的近著〈编辑创意论〉》。写完这篇评论后，林先生致信徐柏容说：

> 由于搬家和赶着要完成一些有时间限制的任务，对大作的评介迟迟到现在才草就，而且写得不好，连自己都不满意，真是万分抱歉。我看到《新闻出版报》和《出版科学》已发表过对大作的评介，不知道还有哪些报刊天津古籍出版社编辑部联系过书评发表事宜，我随便把书评稿投往一家没有发表把握的报刊，可能得不到答复，更延误时间。所以现在只好把稿子

---

① 王伊. 学会 16 种外语的编辑家［M］//中国出版工作者协会. 沿着韬奋的足迹（上）. 北京：线装书局，2004：138.

直接寄您，请先看看有无不妥之处，改好后再转给罗少强同志，请他投给有较大影响而又能早日发表的报刊。

我在阅读过程中感觉到的一些具体问题遵嘱记下，随信附上，意见不一定对，仅供本书重印和续写后三部时参考。

林穗芳的书评3670字。林信附录的《〈编辑创意论〉一书的一些具体问题》2326字。具体指出《编辑创意论》中语言文字或知识表述方面值得商榷处共31页（处）。第一段说：

> 本书的主要问题是内容重复的地方较多，"前面说过……""前面说到的……""我们前面说到过……""我们说过……""正如我们说过的……""正如上面说过的……""我们曾一再说过……"等等都是重复的地方，重复往往不止一次。有些重复并不是必要的，要设法减少，因为内容随着重复的次数增多而效果递减，甚至会起负作用。在写《编辑选择论》《编辑结构论》《编辑优化论》时也要设法避免内容与《编辑创意论》不必要的重复问题。
>
> 期刊与杂志一般指同一概念（书中也解释"大体上也可以说期刊就是杂志，杂志就是期刊"），本书为什么常常把两者并提，需要在一开始就说明原因，而不宜在本书过半时才放到汇编书中顺带讲一下（219页）。"世界最早出现的第一份期刊杂志是1865年在法国出版的《学者学报》"（353页）中的"杂志"是多余的，在这里与"期刊"并列，读者很难领会作者的意图。

阙道隆、林穗芳和徐柏容合著的《书籍编辑学概论》（辽宁教育出版社出版）是高水平的编辑学教材，我曾以此为本授课。我感到徐先生写的那几章明显散文化，作为高校教材不宜，也与《书籍编辑学概论》整体风格不协调。内心不解但也不好意思问询阙、林两先生。从林先生遗著中发现他致徐信和未刊的《〈编辑创意论〉一书的一些具体问题》，感触不已。林先生君子美言，对徐著书评末尾的最后三句话分量很重："前一种编辑创意即编者或作者的创意是著作方式的一种，后一种编辑创意则是出版工作的一部分。两种性质不同的编辑创意似乎须要加以区分。换句话说，书中对编辑创意与作者创意的界限、两者的联系与区别如能作更详明的论述，则可以加深读者对本书编辑创意概念的理解。"区分作为"著作方式之一的编辑"和"作为出版工作一部分的编辑"是林先生一贯的主张，也是他多次呼吁的对编辑学、出版学研究的重要提示。学俭先生当年签发这一书评时一定看出了门道，更深层地理解了林穗芳，不然何以为同一种书接连刊发两篇书评。另一篇是罗少强《天津古籍出版社出版〈编辑创意论〉》，发表于《出版科学》2000 年第 2 期。

本文为何称林穗芳为知识编辑家？这里不妨与戴文葆先生作一个对比。戴老是人民出版社第一位韬奋奖获得者，也是全国出版业的模范。宋木文先生曾亲口告诉我，对戴文葆的政治待遇是高于人民出版社副总编辑的。一语惊醒我对北京出版业诸多世事的理解。戴文葆 20 世纪 40 年代就读于复旦大学国际政治系时，在周恩来间接领导下从事党的学生运动工作。人民出版社为戴文葆九十诞辰出版的纪念文集命名为《光辉曲折的编辑生涯》，这"光辉曲折"就是他革命编辑家的标准定性。比他晚七年出生的林穗芳不可能有戴文葆 1949 年以前那样的"光辉"，自然也就不会有戴文葆 1949 年以后那样撕心裂肺的"曲折"。林穗芳的"光辉"，是他凭"学会 16 种外语"的博学勤勉而焕发的光辉，这光辉的本质是知识的光辉。

刘杲曾说，编辑工作的最高追求是出版传世之作。诚然，出版传世之作有天时地利人和的客观条件，已出版的传世之作是编辑家们实现了的理想。编辑家有没有实现的理想吗？他如果没有未能实现的编辑理想，他人时人后人又凭何认同该编辑家的时代超越性？如果没有具备一定的时代超越性，编辑家编辑出版传世之作的思想资源和内在动力或内在机制又会是什么？这诚然是有待深入探讨的重要理论问题。回到人民出版社前两位韬奋出版奖获得者的话题，戴老曾反复跟我提及的未实现的选题是《〈红旗〉〈求是〉

文选》①，林先生生前倾注最大心血提出的选题是《历时性汉语新词典》。戴文葆是革命编辑家，以革命的名义反省，以反省的方式行为革命或思想革命，或者说，戴文葆青年时以行动践行革命，晚年以思想践行革命，所以他一直很痛苦，在继续革命的社会情境中为寻求革命休止点以更清楚认识革命的价值而痛苦。林穗芳是知识编辑家，与戴文葆工作、生活在同一栋大楼里，先后两处宿舍和戴文葆同楼同单元，但林穗芳思想的主要内容，知识的品质和形态明显不同。

三、编辑学家林穗芳

定性林穗芳先生为编辑学家有悖论的意味不是在沙滩上作画，而是在他坚实的学术成果岩石上略作旁注。编辑学没有建立起来，何来编辑学家？没有编辑学家，何来编辑学？作为编辑学研究的前沿开拓者，林穗芳自然不会想到有关他的言说还会面临如许困境，因此，后人也不必纠缠在到底鸡生蛋还是蛋孵鸡的因果链环里。林先生也因阙道隆先生撰著《编辑学理论纲要》而称他为编辑学家②。

林穗芳的编辑学出版学研究始于1979年。遵循先生自述理解这一历史事实有极为重要的改革开放出版史认识价值。

在林先生的遗稿中，有一封未曾发出的信。全文如下：

宋应离和刘小敏先生：

承约写有关回忆新中国出版60年的文章，我拟写一篇在1979年6—7月中国出版代表团（国家出版局代局长陈翰伯为

---

① 李频. 有感于戴文葆先生想编而未编的一本书 [J]. 读书，2012 (11).

② 林穗芳. 对我国编辑学理论研究深化的重大贡献——喜读阙道隆《编辑学理论纲要》[J]. 出版科学，2001 (4).

团长、商务印书馆总编辑陈原为副团长、国家出版局办公室主任宋木文为秘书长）访问英国记闻和观感。这是改革开放初期由国家出版局领导人第一次率团到西方国家进行正式访问和考察，也是新中国成立60年来第一次由国家出版局领导人率团访问英国。这次出访意义重大，影响深远。我国新时期出版工作主管部门对如何从事出版改革有了新的思路，1979年12月中国出版工作者协会的成立、版权立法准备工作加速进行等都与此有关。今年是出版改革开放30周年，不少编辑出版专业刊物陆续发表纪念文章，或出版专刊，可是几乎无人提及中国出版代表团在1979年赴英国访问考察的事，这件事好像已逐渐被淡忘。我认为这是我国出版史上的一件大事，应载入史册。我自20世纪50年代参加出版工作以来没有一件事对我影响这样深，可以说这是毕生从事编辑出版工作的一个新的转折点。从此以后，我开始关注世界出版业发达国家的新媒体、新出版技术的发展，开阔了眼界，我的所有与出版改革、电子编辑有关的文章都是在这以后写的。可惜，这两个多月来，不是老伴生病，就是我自己生病，无法正常工作，到年终事情越来越多，稿约都无法按预定日期完成。我只好把两位先生约我写纪念文章推迟到一月份或稍晚些时候寄上，看是否适用。如觉得不适用或已错过了发稿日期，不要紧，我还可以考虑用于别处。未能如期交稿，谨向两位先生表示歉意。

　　祝

　　身体健康，新年好！

　　见到这封信后，我于2022年2月9日打电话请教宋应离先生，他说没有收到过这封信。2008年5月，宋应离、刘小敏为编辑《亲历新中国出版六十年》到林先生家约稿，那时先生已卧病在床。后来等不到林先生新写稿，就将林先生的旧稿《回忆与感想》编入书中。林先生却念念不忘宋先生的约稿，写了这封信。从林先生2009年12月29日在中日友好医院去世和信中新年颂语推断，此信写于2008年底或2009年初。如为林先生最后文稿，则悲壮情怀与学术意涵更为凝重。

这里先明确三个时间节点：1978 年 12 月，中共召开十一届三中全会，启动全中国的改革开放。1979 年 6 月，中国出版代表团访问英国。1979 年 12 月，"长沙会议"召开，被认同为中国改革开放出版史的起点。十余年来，我思考、写作改革开放出版史，一直有个假定，但不敢下定论：1979 年 6 月的中国出版代表团访英与 1979 年 12 月陈翰伯在"长沙会议"总结报告中的一个表态到底有无关系？如果有关系，到底是关联关系还是因果关系？那个表态是，1979 年 12 月 11 日下午，陈翰伯在全国出版工作座谈会全体会议上讲话。"关于地方出版社，翰伯同志说，地方出版社的同志要求立足本省，面向全国或兼顾全国，可以试行。地方出版社出书，不受'三化'限制。"① 陈翰伯时任国家出版局代局长，在此之前，全国地方出版社实行的是"地方化、通俗化、群众化"的出版方针。就是陈翰伯这一句未必庄严但是果敢、郑重的表态，开启了中国出版业的改革开放，进而改写了 1978 年以后中国的思想文化生态。林穗芳在信中说："这次出访意义重大，影响深远。我国新时期出版工作主管部门对如何从事出版改革有了新的思路，1979 年 12 月中国出版工作者协会的成立、版权立法准备工作加速进行等都与此有关。"中国出版工作者协会成立就是"长沙会议"后期的会中会。林穗芳是历史的见证者，他的书写就是历史定论。在标志着一个时代过去和另一个时代来临的 1979 年随中国出版代表团访问英国，是林穗芳作为编辑家的荣光，结合自己的经历，钩沉中国出版代表团访英与中国出版业改革开放的关系，是他作为编辑学家的独到贡献。林先生致宋先生信的重要历史文献价值在于以历史的亲历者身份揭示了 1979 年中国出版业领导人访问英国对中国出版业改革开放的起始意义。

"林穗芳是出版学和编辑学的主要奠基人，其著作特征或可概

---

① 陈翰伯同志在全国出版工作座谈会上讲话（摘要）[J]. 出版工作，1980（1）.

括为务实、创新、严谨。"① 务实、创新、严谨是普适语汇，用于林穗芳所言不虚，但略感内在的穿透力不足。王华良先生称道林穗芳著《中外编辑出版研究》有"凝重的学术含量"，"他的编辑出版研究充满了科学理性，讲逻辑，重分析，决不放松科学研究立论和推理的严肃性。"② 这分析有一定的内在性。还有一个鲜明事实要注意到，林先生在《中外编辑出版研究》以后未结集的论文更炉火纯青。那么，如何认识林先生编辑学、出版学理论研究的结果意义以及达致这一结果的过程意义？王华良先生提示读者注意《中外编辑出版研究》中"随处可见的研究问题的科学态度和科学方法"③，林穗芳关于编辑学、出版学的研究问题主要是什么？为研究问题而采用的科学方法又是什么？对这样具体问题的追问有助于认识林穗芳的编辑学理论品格，也有助于青年学人认识他编辑学研究的理论价值。科学态度可以学习养成，科学方法非经严格训练、刻苦砥砺难以掌握。后来的编辑学、出版学硕博士们如果能认同林穗芳的科学理性，基于科学态度去追求科学方法，在科学方法的强化训练中进一步培养科学态度，那该多好。

在确认了林穗芳对编辑学、出版学有切实贡献和理论个性后，要探讨其理论个性与切实贡献之间的关联关系或因果关系需要确定另外一个理论前提：林穗芳属于刘杲所率领的编辑学创始团队，是其中的骨干与核心成员；既在这个团队中互相激励，又在这个团队的发展中互派角色、交映个性。推动林穗芳前进的力量不是出版政策的阐释或所亲历出版史的兴趣，也不是整理深化已经积累起来的编辑经验的愿望，而主要是刘杲率领的编辑学理论核心团队建设编辑学的雄心和群体激励。这种向往和群体激励日积月累近 20 年，

17

① 刘光裕. 文章千古事 得失寸心知——纪念林穗芳逝世四周年 [J]. 济南大学学报（社会科学版），2013（6）.

② 王华良. 把编辑出版真正作为科学来研究——读林穗芳著《中外编辑出版研究》[J]. 编辑之友，1999（1）.

③ 王华良. 把编辑出版真正作为科学来研究——读林穗芳著《中外编辑出版研究》[J]. 编辑之友，1999（1）.

又进一步引导林穗芳初步完善了他对编辑学、出版学知识原理的探索，基本完善了他对分析、统驭内在的编辑出版经验的理论工具的探索，建构编辑学、出版学的理论路径探索。林穗芳和戴文葆同在人民出版社工作，同样在编辑学中卓有建树，戴文葆的博学在文史，思想理论工具多用史学、政治学或者说国际政治学；林穗芳的博学在中外语言，思想理论工具多用语言学。同为职业生涯后期并致力于开创编辑学的编辑学家，林穗芳和阙道隆都自觉于编辑学、出版学知识原理的求索，相比阙道隆，林穗芳更自觉、更效力于理论工具、学科路径的追问，而道隆老更效力于编辑学理论体系的建构。细读精审这三位编辑学家的理论文本，不难发觉他们各自的细微差别和理论个性。就林穗芳而言，他完整的本科学历所代表的语言学训练，既是他知识原理探索、理论路径探索的前提和基础，又反过来决定了他在刘杲编辑学核心团队中磨合而成的角色定位、学科成果的理论品质。如果系统、深入地研究林穗芳，势必拓展、关联到其所在的刘杲所率领的编辑学创始团队，而一旦这样深入，就是以林穗芳为中心展开了编辑学概念史、编辑学学术史、编辑学学科史的研究，这当然是殊为重要的关键问题，而要有效开展这一学科史的研究，又需要导入另外维度的知识社会学作为理论工具（至少我近年来时常这样认为），忽视了这几位编辑学创始元老的知识生产语境和互动关系，林穗芳的编辑学理论品格还是认识不清楚，自然也就难以解释清楚。

如果承认理论就是一种解释，如果承认理论就是遵循普通的形式逻辑和特定的专业逻辑对特定的理论对象自洽或相对自洽的话语解释，理论品格是一个理论家在特定的研究领域内选择理论对象、提出并明确研究问题、选择并组合理论工具，再提出研究策略和分析路径等，以确保理论信度、效度而表现出来的思想个性。理论品格是一种思想格调和思想质量，它区别于文学艺术等其他意识形态的种差就在于形式逻辑与专业逻辑结合的思想程序，正如理论权威建立在专业逻辑的基础上，而不是建立在专业权力或专业权利的基础上。

📚 四、编辑学导师林穗芳

林先生被追认为编辑学家是因为撰写了多篇高水平的编辑学论文和一篇至今无人能及的中国编辑史论文《"编辑"词义从古到今的演变》。在他的诸多高水平论文中，关联深广，重读时让我思绪翻涌的当推《撰写和完善〈编辑学理论纲要〉需要探讨的一些问题》（发表在《出版科学》1999年第1期，以下简称《问题》）。我的阅读面有限，其他学科给我如此专业冲击力的论文不少，而编辑学、出版学学科给我如此冲击力的论文不多。

说《问题》关联深广主要指中国编辑学理论史上的《编辑学理论纲要》事件。当时不显山露水，现在我更倾向于认同它为事件。联系事件，《问题》一文的关联类型及内容至少有三：

团队关联。《编辑学理论纲要》由阙道隆先生个人署名发表在《出版科学》2001年第3、4期并收入他的专著《编辑学研究文集》，相关的编辑学理论体系讨论及研究是那几年中国编辑学会的组织行为，或者说刘杲率领的编辑学理论核心团队的行为。小型会议多次研讨、由中国编辑学会打印并散发《编辑学理论纲要》征求意见稿就是其团队行为的见证。

理论媒介关联。学俭老作为《出版科学》的主编，是这一事件仅次于刘杲的第二有力推动者和组织者，为《编辑学理论纲要》事前的讨论启动、事中的成果发布、事后的成果评介及讨论深化提供了大量版面。现在想来，真是中国编辑学理论史和学科史的一段佳话。没有刘杲和蔡学俭两人的志同道合，很难有这样的理论景观。

理论对话关联。在浅愚的我看来，《编辑学理论纲要》这一长文在中国编辑学理论史上的创新突破意义仅戴文葆为《中国大百科全书·新闻出版》卷所撰写的"编辑学"词条、林穗芳的《问题》等极少量篇章可以相提并论。林穗芳的《问题》恰是《编辑学理论纲要》的先声，这有两文的标题和刊发日期为证。《编辑

理论纲要》发表后，林穗芳在《出版科学》2001 年第 4 期发表了
《对我国编辑学理论研究深化的重大贡献——喜读阙道隆著〈编辑
学理论纲要〉》。以这一评论为对照，细嚼慢咽《问题》，不难发
现，林穗芳虽然给予了《编辑学理论纲要》极高的评价，但这一
极高评价是基于当时实际的理论水平，而不是基于他向往假定的编
辑学理想图式的，所以他在评论的内文中颇讲究评论角度和评论时
运用的材料。我当时就听说，林先生对《编辑学理论纲要》有些
不同意见，但我当时思想和工作的重心在于北京印刷学院出版系系
务及相关的出版人才培养，期刊史论研究也开始起步，对编辑学理
论研究无力上心用心，因而对这一重大讨论的参与度极低。现在才
多少醒悟：老一代编辑学家举团队之力为后学矗立了一块丰碑，为
人为学、立世处事治学都在我亲历的范围内叹为观止。如果说，阙
道隆的"纲要"，戴文葆的"编辑学"词条，告知学人后人的是他
们各自就其理论对象的思想结论，林穗芳以《问题》告知学人后
人的是启动编辑学思想之前、之中、之后都要时时警醒、质疑的基
本假定，因而更有理论张力和方法论的基本价值。

　　重读《问题》时思绪翻涌是它所提出的问题，而不是问题的
答案。林穗芳的其他论文有明确答案或清晰的逻辑推演后的个人
结论，唯独此文不是这样。《问题》全文十节，仅有三节是厚积
薄发的理论主张，如"编辑学和编辑史中的'编辑'概念应当
保持一致"、"编辑工作的中心环节是审稿"（见"编辑工作的
中心环节是什么"节）、"提高对图书重版（重印与再版）的意
义的认识"，其余七节，"编辑学的性质与学科定位""编辑科学
知识结构的基本模式""编辑学的方法论""书籍编辑和出版的
关系""关于编辑学的基本范畴""关于编辑模式的研究""现代
信息技术引起编辑思维与编辑方式的新变化"都是导向鲜明而至
今没有答案的开放式问题，恰是这种有提问无答案显示其理论价
值。

　　《问题》发表二十多年后，我总算认识到其中深厚凝重的"元
理论"内核：规范性假设。"假设是将真理性观念根植在我们思想

观念中的向导，它们是左右我们如何做决定采取何种行动的日常准则。"① 学人称颂、教授极力规训学生的所谓批判性思维，"就是揭示和查验左右我们的思维和决定我们行动的假设，以便从多个角度审视我们的观念和决定，采取明智的行动"②。规范性假设属于三种基本假设之一，另两种基本假设是因果型假设和范式型假设。"规范型假设是我们就如何思考和行动的方式、方法或途径所持有的假设，它们通常包括'应该'这个词。"③ 林先生论文标题中的"需要探讨"，节题"编辑学和编辑史中的'编辑'概念应当保持一致"中的"应当"仅是标示规范性假设的符号。其卓越的思想力、对编辑学理论时空的穿越力在于其中规范性假设的具体内涵。

林穗芳的名字将永远和确立编辑学、出版学理论的一个基本原则联系在一起，这就是编辑学、出版学的概念体系。具体来说就是，编辑和编辑学、出版和出版学这两组核心概念界定，以及由此展开的概念关系钩沉解释、基本概念关联建构。在他生命的后三十年里，他相对从容地探索着，不懈地求解着。有少数几位知音理解他，较多的同代同行、更多的后代同行并不理解他，他依然故我，践行这一原则，并通过自己的论文以及与《编辑学刊》主编王华良、《出版科学》主编蔡学俭等的交流，演绎、铺陈为理论分析工具和建设路径。他没有明言，但内心清楚自信，他坚守的原则是中外人文社会科学的通则，他可以贡献也确实贡献了在编辑出版理论领域贯彻通则的范例。后人蓦然回首，必然在基本原则和坚持原则后的理论发现（解释）意义上双重承认。理论原则和以原则作为

---

① 谷振诣.《批判性思维教与学》推荐序［M］//［美］斯蒂芬·D.布鲁克菲尔德. 批判性思维教与学. 钮跃增，译. 北京：中国人民大学出版社，2017：2.

② 谷振诣.《批判性思维教与学》推荐序［M］//［美］斯蒂芬·D.布鲁克菲尔德. 批判性思维教与学. 钮跃增，译. 北京：中国人民大学出版社，2017：1.

③ 谷振诣.《批判性思维教与学》推荐序［M］//［美］斯蒂芬·D.布鲁克菲尔德. 批判性思维教与学. 钮跃增，译. 北京：中国人民大学出版社，2017：5.

理论工具的解释发现本是理论的两个截面，正如普遍性与特殊性在一定的视角下总结合在一起。

"任何一门学科都是由一定的范畴和概念体系构成的，对基本范畴和概念的研究都有学科奠基的性质"，"可列入编辑学的基本范畴的有：传播媒介、编辑主体和客体、作者（传者）、读者（受众）、编辑劳动、编辑过程、编辑模式、编辑方针、编辑构思、编辑风格等。"这是林先生在《问题》中断言的，他还设了"关于编辑学的基本范畴"专节，提出一般理论的共同主张和编辑理论的特殊主张："编辑学论著写述范围和篇章结构不能代替范畴的划分和系统化。基本范畴不同于一般概念，应当是可以尽数的。一个学科的基本范畴和概念划分得越科学越清楚，这个学科的理论体系就越成熟。"林先生的这三个主张为后来的编辑学理论研究留下三点启示：（一）把编辑理论研究者和编辑理论建树者区别开来。以编辑和编辑学为思考、写述对象的都是编辑理论研究者，就当下以及今后一定时长的编辑理论发展水平而言，只有就编辑领域的基本范畴和概念体系有所推进的人和著作才是编辑理论建树者。评判一部编辑（学）理论著作的专业含量，不要迷障于某些外在形式，而是从审视其基本概念、专业术语入手，辨识其写述、论证背后的基本假设，查验假设的准确性和可靠程度。（二）以某种方式或途径"尽数"编辑学基本范畴。（三）厘清这些基本范畴之间的范畴关系，这些基本范畴之下的概念关系，这样的知识图谱就是编辑学理论体系的主干。

《辞源》给编辑的释义是"收集材料，整理成书"，与《辞海》对编辑的释义完全不同。由此形成了两种编辑观，难以认定编辑学的研究对象，编辑史论界为此困扰多年。林穗芳不惧繁琐，辨析为"作为著作方式之一的编辑""作为出版工作一部分的编辑"，并主张只有后者才是编辑学的研究对象。经他辨识、呼吁，学界达成共识。刘光裕誉为"这样的表述是思维逻辑和语言逻辑的完美契合"①。

---

① 刘光裕. 文章千古事，得失寸心知——纪念林穗芳逝世四周年 [J]. 济南大学学报（社会科学版），2013（6）.

　　"一个理论就其本身来说是否可以被看作具有决定意义，或它是否需要许多用来支持它的附带论证，乃是检验它是否有力量的严格标准。"① 这种"附带论证"的简要解释是，确定一个概念以确定另一个相关概念为理论前提，论证一个命题以论证另一个或几个相关命题为理论前提。《问题》就是林穗芳为编辑学理论体系开列的"附带论证"清单。王华良以他的专业敏感，仅在《中外编辑出版研究》出版后就认识到林穗芳"把编辑出版真正作为科学来研究"，殊为难得。在我看来，林穗芳"把编辑出版真正作为科学来研究"的典型特征远不是《中外编辑出版研究》中的科学态度和科学方法，仅就态度和方法而言，众多编辑出版理论著作都有或深或浅的科学态度和科学方法。而《问题》中提示编辑学、出版学同行和后来者要"附带论证"的"元理论""元问题"，到目前为止，只有林穗芳提了出来。不是说林穗芳提出得多么全面、彻底，而是说他内外关联、结构化地提了出来。而诸多后来者则以应用学科的名义，高举理论联系实际的旗帜，避重就轻，或知难而退，这才是近二十年编辑学、出版学理论研究停滞、落后的方法论根源。

　　如果有研究者以《问题》为中心，以林穗芳此前此后发表的论文以及学界部分关联论文为样本，不以论文"篇"为单位，而以概念、理论主张、命题等为理论单位编年体式地清理林穗芳编辑学"元理论"思想的脉络，那应该是很有意义的。在《问题》之前，林穗芳发表了一系列论文，才有提出"元理论"的学术积累。在此之后，林先生也发表了多篇论文，以身示范，贡献智慧。《"编辑"词义从古到今的演变》堪称力作。"'编辑'概念是怎样形成和发展变化的，'编著合一'是不是古代编辑的特征，编辑出版史要不要划分编辑活动和著作活动的界限，'编辑'一词怎样进入近现代新闻出版词汇"，这都是编辑史论的重要问题，林先生基于全文检索二十五史的数据提出翔实的分析，在二十多年前，何其

23

---

　　① ［美］约瑟夫·熊彼特著. 从马克思到凯恩斯 十大经济学家［M］. 宁嘉风，译. 北京：商务印书馆，2013：91.

难得。细想真让我辈汗颜。在林先生看来，《辞源》对"编辑"有释义，"可惜缺少书证，不知道使用的具体时代和语境，其含义至今仍然是个争论不休的问题"，林先生终于找到《宋史》中使用"编辑"的第二个用例，"可以作为《辞源》的'编辑'释义'收集材料，整理成书'的典型书证"。举重若轻，林先生就如此在史论难题中闲庭信步。

　　戴文葆、阙道隆、林穗芳都是编辑出版经验丰富且有学养的编辑学家，戴文葆的编辑学理论重研究主体直觉，在自身经验的基础上归纳推理，不能说毫无演绎推理，"附带论证"于他的编辑学研究而言属于异域它类，何况他在个人通信中明言，他对编辑学并无志趣。如果说，戴文葆的编辑学理论稍偏经验化，林穗芳的编辑理论相比而言更明确于概念化。编辑学理论是阙道隆的志趣所系，他是武汉大学政法专业出身，当然崇尚逻辑，他对用以支持编辑学理论体系的"附带论证"有所感但心力不足。林穗芳、阙道隆同有概念化共识，相比阙，林穗芳又偏"元理论"。"一个分析家的学术成就不在于表明基本原理的说明的内容，而在于知道如何使这一说明更丰富，如何从这一说明推论出来和这门科学有关的一切问题。"① 林穗芳当然向往也有所言及出版规律的说明，但他更自觉更执着于概念以及由概念生发的问题。概念是理论的基石，问题（以问答形式呈现的或先问后答或先答后问）是理论操作的导向，而内在的实践经验、思想经验及学识则内隐其间，既坚实支撑又保驾护航。

　　细读林著不难看到，在他的编辑学理论中，语言文字规范与理论概念是鲜明突出并彼此渗透的。在宗旨、取向上，或者说在编辑工作与编辑学互相促进上，两者又是统一的。在编辑工作中贯彻语言文字规范、出版规范是着眼于出版质量，以提高出版物的传播效率；在编辑学出版学研究中紧盯核心概念是着眼于夯实编辑学出版学理论基础，经由概念体系建构编辑学出版学理论体系，使编辑学

---

　　① ［美］约瑟夫·熊彼特著. 从马克思到凯恩斯　十大经济学家［M］. 宁嘉风，译. 北京：商务印书馆，2013：94.

出版学理论体系成为核心概念的逻辑推演，或者说从核心概念到主干概念体系的合逻辑展开。恰好在后一点上，显示出林穗芳不同于其他诸多研究者的理论取径，因而显示他独有的编辑学理论品格：以语言学为理论基础和方法规范，以一生的编辑出版实践为经验材料，以编辑学为目标，反复锤炼、锻造编辑学、出版学核心概念，再以概念体系垒造可能的理论体系。刘光裕先生认识到这一点①，这里再道破其理论机制：先有中山大学语言学系高材生，后有人民出版社资深编辑，再有颇具理论个性的编辑学家。如此承续的身份说明、验证或者说论证了林穗芳理论个性的可靠性程度。

在《问题》一文中，林穗芳说："编辑学无疑是社会科学领域相对独立的自成体系学科，现在要弄清楚的是，在社会科学之下，编辑学之上，还有没有中间一级学科，即编辑学直接从属的学科。如果有，是什么？解决这个问题的方法是研究分析编辑学与出版学、传播学、文化学等学科的关系，因为编辑学同这些学科的关系最密切。"② 这是编辑学、出版学的重大理论问题。因涉及文化、传播这样的范畴而显博大，因这些问题的分析求解涉及相关相应的概念体系、概念结构而可视如精深。编辑学创始团队提出了，也多少直面了这个问题，但至今没有自洽、周详、可以服众的论证。一两年前有专家团队论证出版学应认定为一级学科，出发点和论证逻

① 刘光裕在《文章千古事，得失寸心知——纪念林穗芳逝世四周年》中指出："20世纪80年代编辑学开始兴起的时候，记得许多人热心于构筑自己的理论体系，而林穗芳特立独行，埋头研究基本概念，他将'出版''书籍''杂志''期刊''编辑''著作'等概念一一予以科学界定。如今时过境迁，诸多理论体系在喧闹之后大多纷纷谢世，如过眼云烟，然而他界定的基本概念，或被法规采用，或被教科书吸纳。其中原因盖在，科研首先需要遵循自身规律，而不是鲁莽与轻率。当编辑学尚处在学科建设的起步阶段，心急者企图在学科的基本概念，特别是核心概念获得科学界定以前就构建理论体系，好比在沙滩上建大楼，难以成功在意料中。林穗芳研究基本概念，除了因为崇尚务实，另一原因是心里懂得如何建设新学科，说明他是科研的行家里手。"见《济南大学学报》（社会科学版）2013年第6期。

② 林穗芳. 撰写和完善《编辑学理论纲要》需要探讨的一些问题 [J]. 出版科学, 1999（1）.

辑与林穗芳所说有所不同。

林先生在《问题》中指出："编辑学就整体说来不从属于出版学，但图书编辑学是从属于出版学的。""如果承认书籍编辑学是出版学的一个分支学科，就必须探讨书籍编辑和出版的关系。"图书作为集合概念是书籍和图片的合称，林穗芳、阙道隆、徐柏容合著的《书籍编辑学概论》之所以独称书籍编辑学而不合称图书编辑学主要就是基于这一概念辨析。值得进一步追问的是"书籍编辑学是出版学的分支学科"的理论基础或者说前提假设。在刘杲率领的编辑学理论创始团队的学科认知谱系中，编辑学和出版学是两个学科。1998 年，教育部将文学门类下的编辑学专业和历史学门类下的图书馆学之下的图书出版发行学专业，合并为一个编辑出版学本科专业之后，诸多人士才误认为编辑出版学是一个学科名称。编辑出版学其实仅是一个高校本科教育专业名称，将编辑出版学不加辨析地认定为学科名称，混淆了编辑学、出版学的概念谱系和理论结构，徒增理论建设的困难①。在数字传播时代，书籍作为媒介以其知识表述立体化而焕发出顽强的生命力，因此，书籍编辑学既有其媒介产业需要，也有其相当的理论空间。但为何书籍编辑学不从属于编辑学反倒从属于出版学呢？在书籍编辑学从属于出版学的假设里，编辑、出版、媒介（书籍）这三个基本范畴之间的概念关系到底如何呢？如此等等，只能有待方家进一步解析。

林穗芳对编辑学、出版学及与其他学科的关系有颇多精湛的片言只语值得深思慎取。本文拘于篇幅，不再展开。

应该认定，是林穗芳在《问题》中拟展开待展开提示他人该展开的论证，而不是他已经完成的论证巩固了其编辑学导师的地位。他已完成的论证证明了他是编辑学家，《问题》中未完成的论证证明了他是编辑学导师。后来的编辑学理论成果如果追求优良优秀都无可回避地直接或间接地要回应他的编辑学思想，即使貌似永远前沿先进的数字出版及其相关理论，在根本上还是要回应林穗芳

---

① 李频. 编辑出版学科的发展与变革管窥——以编辑出版的专业逻辑为讨论中心［J］. 现代出版，2018（3）.

在《问题》中提出的命题："现代信息技术引起编辑思维和编辑方式的新变化"。要知道这一命题中的"编辑思维""编辑方式"可是编辑学术语而不是一般语词或他自定义的临时概念。

在林先生远行十余年后，我才知道，在编辑出版的学林里，那丛沉甸甸的饱满麦穗永放芬芳。这就是林穗芳姓名的本体意义，而不是后人他人解读赋予的意义。

如果说从微观描述到微观分析是一种有意义的跨越，那就可以辨析并揭示个案代表性和个案特征代表性：如果说荣获韬奋奖显示了林穗芳作为编辑家个案的代表性，翻译编辑、编辑加工和语文规范、出版规范显示的则是林穗芳作为编辑家个案特征的代表性。如果说同在刘杲率领的编辑学创始核心团队显示了林穗芳作为编辑学家个案的代表性，注重概念辨析、概念体系这样的"元理论"则显示了他编辑学家个案特征的代表性。

基于个案的微观而导入中观视角，并进行个案内比较，我还尝试揭示个案特殊性中的某种普遍性意涵。"共和国青年"这一高于个体的概念引入，意在力图避免人物研究"只见树木不见森林"的弊病，"研究单位的扩大，使得那些在更大范围内才呈现的力量或关系被包容进来"①。在编辑学家林穗芳的讨论中，从林穗芳关联到编辑学创始核心团队，进而从林穗芳与戴文葆、阙道隆的比较中认识林穗芳的理论个性，这也权当个案内关联比较吧。

林穗芳迟早会有倾慕者。少量的追随者局限于他所在单位，但愿与他有过业务交往的翻译界、出版界有语文规范、出版规范的追随者。在出版学界，近二十年来尚不见追随者。编辑学、出版学方法论的断裂反衬了热闹的编辑出版理论研究除了喧嚣和科研统计报表上的计量外，价值有限，尽管也可以视如学术生态变迁后的集体性失能。编辑学导师林穗芳如有门生，编辑学家林穗芳如有追随者才是编辑学寒冬过后的春雷。

为蔡姗副教授的专著《林穗芳编辑学理论与实践研究》即将

① 卢晖临，李雪. 如何走出个案——从个案研究到扩展个案研究 [J]. 中国社会科学，2007（1）.

出版而高兴，希望有更多的青年学人参与、推动对林穗芳这一代编辑家、编辑学家的研究。序写成了长文，权当后序，但愿不会喧宾夺主。

李 频

2022 年 2 月 18 日于频敏斋外庐

序　言

　　20 世纪 80 年代以来，我国兴起了编辑学、出版学的研究热潮，四十年中涌现出一批优秀研究者，出版了大批论文和专著，积累了丰硕成果。从"编辑无学"到进入科学殿堂，出版界众多研究者不断探索和创新，为编辑理论与实践的发展作出了积极贡献，林穗芳正是其中最活跃、最重要的一个典范。他退休前后努力从事编辑学理论和编辑实务研究，发表了数以百万字计的文章，出版了《列宁和编辑出版工作》《中外编辑出版研究》《标点符号学习与应用》等多部著作和译著。他为编辑学理论的构建做了许多奠基性研究，为中外编辑出版做了广泛深入的比较研究，为中国特色社会主义编辑学理论体系建设设计了一种基本框架。他的研究集中反映了四十年编辑学研究的方方面面。

　　林穗芳的研究是多方面的，不仅在编辑方面，在出版和翻译方面同样贡献很大。本书是笔者对其博士论文《林穗芳的编辑专题研究》进一步修改完善而成，以四十年编辑学研究为主线，着重论述他在编辑领域的研究，分若干专题分析他的观点和成就。在论述中，注意从编辑学研究热潮兴起和深入的背景进行全面考察，既充分反映林穗芳的研究成果，又体现编辑学研究的基本历程；注意联系各个专题研究进行系统考察，既描述林穗芳在某些方面的研究进展，又显现他的整体成果；注意从"学"和"术"的结合上进行具体考察，既展现林穗芳在"学"方面的造诣，又反映他在"术"方面的功底。

本书有几个创新之处：第一，选题新颖。多年来对林穗芳的研究，多偏重于一个局部和某些专题，本书对林穗芳的编辑理论及实务进行全面系统和具体深入的研究，从编辑理论、编辑实务、编辑规范、标点符号等方面展开全景式的论述，对于林穗芳的编辑生涯探究以及现代编辑理论研究与实践发展都具有一定的理论价值和现实意义。第二，系统地梳理了林穗芳在编辑理论和实务研究方面的创新见解，例如"两种编辑"观，"两个第一"原则，关于编辑基本规律的表述，编辑过程的整体性及其相互关系，编辑工作的实质、起点和终点，编辑规范与创新的结合，标点符号的完善及应用难点的研究，等等。在此基础上，着眼编辑工作现实和发展前景，阐述了林穗芳的思想、作风和治学精神，以及他的主要贡献，对于当前和今后提高编辑工作质量和编辑队伍素质及深化编辑研究，都有一定启示作用。第三，在资料获取上，笔者多方搜集和整理文献资料，并通过实地调研掌握了林穗芳编辑研究的大量一手资料，包括已出版的著作和译著，报刊发表的文章，审稿加工报告，书刊报质量检查记录，来往信函和电子邮件，以及若干未刊稿，由此对其编辑专题研究进行充分论证。第四，在研究方法和研究角度上，不是孤立地、静止地研究林穗芳，而是从编辑学研究的角度，全面地、整体地在理论与实际的结合上，从"学"和"术"两方面展开研究，从而揭示林穗芳编辑理论与编辑实践的成果及其贡献。

本书主要内容由关于林穗芳编辑研究之理论、实务、规范和标点符号研究共四个方面的专题构成，共有六个部分。

第一部分　林穗芳生平及其编辑研究的时代背景

介绍林穗芳的生平，分析林穗芳积极投身编辑学研究所处的时代背景，即出版大发展大繁荣和编辑学研究热潮兴起和深入发展的新形势，提高编辑工作质量和编辑素质的新要求，深化编辑理论与实务研究的新期待，概述了林穗芳在这一时期的编辑研究成果及其主要贡献。

第二部分　关于林穗芳的编辑理论研究

编辑理论研究是林穗芳的研究重点，也是编辑学研究的重点。编辑学要成为一门独立的学科，必须明确编辑概念和相关概念，建立基本范畴，探索掌握编辑规律特别是编辑基本规律，并考察编辑史。四十年编辑学研究主要围绕以上方面展开，在研究中形成了几种不同的学派，林穗芳是其中一个学派的代表。本部分论述了林穗芳在编辑概念和相关概念（如出版、图书、书籍、著作等）、基本范畴和基本规律以及编辑史研究方面的观点。林穗芳认为，编辑概念古今不同，现代编辑学不能建立在古代编辑概念基础上。由此提出要区分"两种编辑"，即作为著作方式之一种的编辑和作为出版工作一部分或作为一种专业工作的编辑，编辑学研究的应当是后一种编辑，而不应是前一种编辑。在"两种编辑"观基础上，林穗芳又对编辑基本范畴、编辑基本规律和编辑史进行研究。关于编辑基本范畴，他揭示了不同社会制度和不同文化传统背景下的编辑模式，以及传统出版和数字出版条件下的编辑过程，认为编辑工作是出版工作的中心环节。关于编辑基本规律，他提出"两个第一"原则，即社会效益第一和质量第一。他认为，在资本主义条件下出版工作不仅要讲求质量第一，而且同样要讲求社会效益，只是对社会效益内容的理解不会与社会主义的理解相同。关于编辑史，林穗芳研究了编辑作为一种独立的社会职业形成的过程，指出编辑史研究中的编辑概念应当同编辑学的研究保持一致。本部分还分析了林穗芳编辑理论研究的特点，即研究内容的全面性、研究方法的严谨性、研究态度的包容性、研究视野的开阔性、研究论点的创新性。林穗芳着力构建中国特色社会主义编辑学的基础，他生前未及撰写系统的编辑学理论专著，但是他的研究实际上已经构成一种编辑学理论的基本框架。

第三部分　关于林穗芳的编辑实务研究

这部分系统阐述了林穗芳的编辑实务研究，包括编辑策划、编辑审稿、编辑加工、编辑后期工作等方面。关于选题策划，论述了他的主要见解：选题策划是责任编辑的主要职责，创新性是编辑策划的最高要求，选择性是编辑策划的基本特征，倾向性是编辑策划的重要原则，同时分析介绍了一个编辑策划个案——《关于编纂历时性汉语新词典的设想》，充分体现了他主张的创新性、选择性、倾向性的要求，是选题开发的范例，是林穗芳见识超群、学识

3

渊博、学风严谨、功力深厚的见证，发表后引起很大反响。在编辑实务方面，论述了林穗芳关于编辑审稿的主要见解：审稿是编辑工作的中心环节，决定稿件质量的关键是审稿，审稿的主要任务是对稿件作准确全面评价和决定取舍，审稿要用制度约束，比较、分析和综合思考是评价稿件的基本方法，同时分析介绍了一个审稿个案——"关于《中国文化西传欧洲史》译稿的复审"。个案展现了林穗芳作为复审所坚持的审稿原则和采用的基本步骤及方法，以及他认真细致的工作作风和实事求是处理稿件的态度。在编辑加工方面，论述了林穗芳的主要见解：编辑加工是不可替代的独立环节；要处理好文责自负和编辑加工的关系，必须修改的要改，可改可不改的不要改，谨慎修改，防止妄改；要处理好把好质量关和减轻加工负担的关系，严格把好审稿关，不让低劣稿件进入加工环节，先退改后加工，能由作者修改的尽量退请作者修改；同时分析介绍了许多编辑加工实例。这些加工实例包括内容、形式、辅文和图稿，以及技术规格加工几个方面，展现了林穗芳眼高手也高的编辑基本功，以及丰富的编辑实践和经验。编辑后期工作方面，论述了林穗芳的主要见解：发稿是编辑工作的重要环节，发稿必须做到齐、清、定，编辑、作者、校对三结合校对缺一不可，成书样品检查是一次重要把关，同时具体阐述了这一环节中前前后后必须要做的工作。这些不是一般性的工作要求，而是林穗芳数十年编辑工作经验的结晶。本部分还论述了林穗芳关于翻译读物编辑工作和电子编辑理论与实践的研究。林穗芳的编辑实务研究带有明显的理论联系实际特征，对编辑各环节进行理论定位，揭示编辑过程的整体性，并对编辑过程进行规范。

第四部分　关于林穗芳的编辑规范研究

本部分论述了林穗芳在语言文字规范、数字和计量单位规范、汉语拼音规范、英语文字规范方面的主要见解。在语言文字规范方面，他区分规范汉字和不规范汉字的界限，分析出现错别字的原因，提出注意辨析和确切掌握词义的方法，以及如何学懂语法、逻辑、修辞以准确表达思想。在数字和计量单位规范方面，他论述了有关国家标准的制订原则和经过，针对使用中出现的问题，具体阐

明注意严格遵守和容易出错之处。在汉语拼音规范方面，他归纳
《汉语拼音方案》施行中出现的种种问题，提出解决方案，同时对
汉语拼音字符体式的规范化表达了自己的观点。《汉语拼音方案》
原本规定字体采用拉丁字母罗马体，以后沿用多年，但最近几十年
出现了变化，有些权威字词典如《新华字典》和《现代汉语词典》
都采用哥特体。林穗芳呼吁还《汉语拼音方案》本来面目，弃用
哥特体。在英语文字规范方面，我国缺乏相应的国家标准。林穗芳
提出了具体的规范意见，这些意见不仅便于编辑工作中有所遵循，
也为制定英语文字规范提供了建议。本部分还分析了林穗芳编辑规
范研究的特点。

　　第五部分　关于林穗芳的标点符号研究

　　林穗芳是从编辑角度研究标点符号的，这是区别于其他标点符
号研究的一个特点，与其他标点符号研究者在有些方面存在不同看
法，他有着自己独创性的观点，这些使得林穗芳的标点符号研究具
有特殊意义。本部分着重分析了林穗芳标点符号研究的特点，分两
部分论述他的标点符号理论研究和应用研究。在理论研究方面，详
细阐述了他的标点学是"自成一类的独立学科"的主张，他分析
了标点与文字、标点与正写法、标点与语法学的区别与联系，由此
认为标点学应是一门与语言学、文字学、语法学、修辞学、文章学
等并立的独立学科。他还研究了标点的概念（广义的标点概念，
与书面语其他符号的区别）、对象、功能、体例、种类和层次等，
为建立标点学的基本范畴提出了系统的主张。他创造性地提出标点
的使用要正确处理规范性和灵活性的关系，没有规范性会造成用法
混乱，没有灵活性不利于写作者表现自己的意图和风格，在不违背
基本准则的前提下，应该允许写作者选用标点同选词一样有个人自
由。林穗芳还对中外标点符号的词源及历史分别进行了独到研究，
又从中外标点符号的对比中研究了现代汉语标点系统的特点，填补
了这方面研究的空白。他的专著《标点符号学习与应用》书名上
未见"史"字，而"史"的内容约占全书 1/3，实际上也是一本
标点史。在标点符号的应用研究方面，本部分论述了林穗芳对
《标点符号用法》内容的补充和应用上的完善。他的应用研究弥补

了国家标准难以避免的不足，其补充建议对于完善《标点符号用法》内容具有重要意义，他对各种标点符号使用正误个例的分析，对帮助读者正确运用标点符号具有很大的实用价值。他提出的《标点符号用法》中没有收入的八种标点符号和作为一种标点手段的间接安排，不仅促进《标点符号用法》与时俱进，提升指导性和实用意义，有利于标点规范的普及，而且对进一步推动标点符号的理论与应用研究具有启发和借鉴作用。

第六部分　林穗芳的治学特点，主要贡献及价值启示

本部分归纳林穗芳的治学特点和主要贡献，呼吁出现更多林穗芳式的编辑。特别需要提出的是，附录部分笔者编制了一篇《林穗芳著作年表（1979—2009）》，列举1979—2009年林穗芳出版的专著、译著、合著和发表的论文以及部分未刊稿；附录二为《林穗芳自选集的编选说明及目录》原文，是林穗芳留下的谈论自己学术作品的珍贵资料，具有极高的研究价值，从中可以窥见林穗芳的工作和研究历程。

蔡　姗

目　　录

引　言

一、研究背景

本书依托的背景是出版大发展大繁荣的新形势，提高编辑工作质量和编辑素质的新要求以及深化编辑理论和实务研究的新期待。

（一）出版大发展大繁荣的新形势

党的十九大提出"坚定文化自信，推动社会主义文化繁荣昌盛"的重大历史使命。出版和文化相辅相成。当今时代，出版的内涵和外延发生了深刻变化，今天的出版已非昨天的出版。新的传播业态不断出现，传统出版与数字出版的融合、传统出版与新媒体的融合成为发展的必然趋势。出版的地位和作用日益凸显。建设文化出版强国，实现中华民族伟大复兴的中国梦的美好前景展现在每一位出版工作者面前。

在这种新形势下，编辑工作的重要性和必要性受到广泛重视。不仅传统出版，同时在新兴媒体中编辑工作都成为中心环节，选择、优化、把关是题中应有之义。编辑工作决定传播质量，决定媒体品牌和公信力。编辑工作的方式、过程在不同媒体中或许有变化，但是其根本原则没有变，编辑工作在出版工作中的地位和作用显得越来越重要和突出。

（二）提高编辑工作质量和编辑素质的新要求

提高编辑质量是编辑工作的永恒追求，在新形势下更是如此。编辑工作是思想政治和文化建设工作，要求严谨负责，一丝不苟，做到精细化和精准化，不能有半点懈怠和疏忽。处理稿件小至一字一句一个标点符号，大致立场、观点和方法，都要审慎从事，认真把关。各个工作环节相互依存，严密有序。信息的采集，选题的策划，作者的选择，稿件的审读和加工等，不仅需要着眼全局，周密运转，而且需要上下衔接，严格规范。一个环节的工作连着另一个环节的工作，稍一不慎，就会影响全局，容不得丝毫随意和马虎。

编辑从事编辑工作，必须有较高的理论修养、丰富的知识储备、熟练的业务技能和扎实的语文基本功，如此才能保障编辑工作质量到位。提高编辑素质和提高编辑工作质量是相辅相成的一个问题的两方面。编辑工作的迅速发展，使提高编辑素质成为当务之急。老编辑知识老化，需要不断充实，实现知识更新。新编辑缺乏编辑修养和实践锻炼，特别是缺乏认真细致的工作态度和作风，亟须学习提高。"百年大计，质量第一"，"十年树木，百年树人"，提高编辑工作质量和编辑素质的任务，不论从当前或长远来看，都显得越来越迫切和突出。

（三）深化编辑理论和实务研究的新期待

出版是一门科学，编辑也是一门科学。编辑工作不是雕虫小技，不是单纯为人作嫁，不是单凭经验就能做好。编辑工作是创造性劳动，必须要有科学指导。编辑地位的重要性和提高编辑工作质量及编辑素质的必要性，引发了对编辑理论和实务研究的迫切期待。20 世纪 80 年代兴起的编辑学研究，迄今已有四十年，编辑学研究证明编辑有学，而今编辑学已进入大学殿堂和科学之门。编辑学研究不仅论证编辑工作的重要性和必要性，同时论证编辑工作的科学性。编辑学本身和编辑实践的发展迫切需要编辑理论和实务研究有更大进展。

四十年编辑学研究取得了很大进展，结出了累累硕果，成果需要总结吸收，成为共同财富，同时编辑理论和实务研究本身还要继续深化。已完成的课题需要与时俱进，未完成的课题需要迎头赶上，实践发展提出的新课题需要大力研究。出版已进入多元媒体共存互融的时代，编辑工作在其中的地位、作用和工作方式等就是一个亟须研究的大课题。现在需要的普通编辑学不仅是涵盖传统媒体的普通编辑学，而是包括传统媒体和数字媒体的完整的普通编辑学。深化编辑理论和实务研究已成为人们迫切的新期待。

　　正是基于上述编辑地位日益受到重视的新形势、编辑工作质量和编辑素质需要继续提高的新要求，以及编辑理论和实务研究需要进一步深化的新期待，使编辑专题研究成为一种必要和可能的选择。编辑专题研究对于推进编辑工作、提高编辑质量和深化编辑研究具有重要意义。这也是把林穗芳编辑专题研究作为课题的重要原因。

二、研究意义

　　四十年编辑学研究是一个重要的文化现象，构建了传统媒体普通编辑学的框架和体系，对编辑实务和编辑规范等进行理论概括和经验描述，对编辑史的若干方面进行探讨，出了许多成果，涌现了一批老中青研究工作者。对四十年编辑学研究进行理论和实践探讨是一个重大课题。研究可以从多方面展开，如从整体上对编辑学研究历程进行概括；分专题比如编辑理论、编辑实务、编辑史诸方面总结成果，吸取经验；以个案方式对有突出贡献的大家进行研究，探索其成功之路。结合四十年编辑学研究，以林穗芳为个案进行编辑专题研究既可以回溯编辑学研究的历史进程，又可以总结林穗芳个人的编辑理论与实务研究成果及贡献，对于承上启下、深化编辑理论和实务研究具有不可忽视的理论意义。

　　目前存在一种"去编辑化"的观点，认为在数字出版和新媒体发展下，编辑工作不再重要了，实际工作中编辑工作被视为可有可无，无足轻重，这是失去编辑自信心的表现，是一种编辑虚无观。本书的研究从理论和实际的结合上说明编辑工作的重要性和必要性，不仅过去、现在和将来都是出版工作的中心环节，在新媒体环境下仍然如此；编辑工作是一门科学，编辑工作需要理论指导；提高质量是编辑工作的神圣使命。从这方面来说，它同样具有重要的理论意义。

研究林穗芳的编辑学理论和实践专题，对于新形势下充分发挥编辑作用和提高编辑素质具有现实意义。原新闻出版总署副署长邬书林曾讲了一段感人至深的话，大意是改革开放以来我国出版业迅速发展的重要原因之一，是出版界有一批像刘杲一样的优秀出版编辑工作者，他们对出版工作投入了巨大热情，千方百计推动行业发展，他们与时俱进，按照出版规律办事，作出了特殊贡献。邬书林希望年轻编辑向前辈学习，把出版界的良好风气一代一代传下去①。林穗芳是这批优秀编辑出版工作者的一员，他的编辑修养、编辑作风、编辑经验和编辑研究成果无疑值得今天的编辑工作和编辑工作者学习借鉴。一个好编辑，就是要像林穗芳等前辈那样工作、学习和研究，使编辑出版工作后继有人，优良作风代代相传。

三、研究现状

在四十年编辑学研究方面，邵益文用力最深，成果最多，发表、出版了许多论文和论著②。此外，孙琇在《编辑如是》中，以曾任《编辑之友》主编的视角，评述了三十年编辑学研究的历程和专题研究的情况③。程绍沛的《编辑笔述》着重介绍了中国

---

① 杨丹丹."文化兴盛，出版有责"——刘杲同志编辑思想研讨会综述 [J].出版科学，2012（1）：110.

② 邵益文关于三十年编辑学研究的著作很多，主要有：20世纪中国的编辑学研究 [M].石家庄：河北教育出版社，2000；一切为了读者 [M].北京：首都师范大学出版社，2010；编辑的心力所系——编辑工作和编辑学探索 [M].贵阳：贵州人民出版社，2004；30年编辑学研究综述 [J].编辑之友，2008（6）.

③ 孙琇.编辑如是 [M].太原：山西人民出版社，2012.

编辑学会在编辑学研究方面的成果①。

　　个案研究取得较大进展。中国编辑学会、一些高校和部门加强了对编辑学研究特别是一些编辑大家的个案研究。2010 年 10 月，中国编辑学会召开刘杲编辑思想研讨会，出版业界学界近 60 人与会。会议讨论了刘杲对编辑学理论的研究，刘杲的编辑观，刘杲编辑思想的基本逻辑架构，刘杲编辑思想的研究方法，刘杲对高校编辑学专业的支持，刘杲对年轻编辑的帮助等②。

　　人民出版社编辑出版了戴文葆 90 诞辰纪念文集《光辉曲折的编辑生涯》，集中展示了戴文葆对编辑学研究的贡献③。李频在《戴文葆研究的价值认同与路径选择》一文中谈到，戴文葆研究价值认同的基础是对戴文葆的价值判断，研究戴文葆的基本路径是"社会变迁—出版业变迁—戴文葆"，这些观点提供了一种研究新视角④。范英写了《戴文葆论编辑工作》，总结了在戴文葆眼中想做好编辑工作必须做好的三件事：必须善于发现文化，必须能够把各种"文化"组织起来，必须具有创造文化的能力⑤。

　　值得注意的是，一批硕士研究生在导师指导下把眼光集中到编辑个案身上，其中有胡义兰的《刘杲编辑出版思想研究》，通过先综述后总结的方法，分别探讨了刘杲的编辑思想观和出版思想观⑥。何晓林的《邵益文编辑思想研究》，重点论述了邵益文的读者观⑦。徐大庆的《戴文葆编辑思想研究》，探讨了戴文葆编辑思

①　程绍沛．编辑笔述［M］．北京：中国青年出版社，2013.
②　杨丹丹．"文化兴盛，出版有责"——刘杲同志编辑思想研讨会综述［J］．出版科学，2012（1）：110.
③　人民出版社编．光辉曲折的编辑生涯——戴文葆先生 90 诞辰纪念文集［M］．北京：人民出版社，2012.
④　李频．戴文葆研究的价值认同与路径选择［J］．盐城师范学院学报（哲学社会科学版），2012（1）：83-85.
⑤　范英．戴文葆论编辑工作［J］．出版史料，2013（1）：91-93.
⑥　胡义兰．刘杲编辑思想研究［D］．开封：河南大学，2007.
⑦　何晓林．邵益文编辑思想研究［D］．开封：河南大学，2007.

想的核心及架构①。马文静的《阙道隆编辑实践与编辑理论研究》，着重讨论《编辑学理论纲要》的历史地位及贡献②。刘莹莹的《蔡学俭编辑出版实践及思想研究》，分析蔡学俭的编辑思想与主要成就③。

除以上个案研究外，林穗芳做为同时期重要的编辑大家，有多人对他的著作和论文作了评述，其中不乏真知灼见。具体介绍如下：

（一）简介林穗芳生平

对林穗芳生平介绍的文字较少，主要集中在他生前和去世后所获奖项的得奖者简介中。1991 年，朱慧茹写了《第二届韬奋出版奖获得者林穗芳》一文，介绍了林穗芳的重要出版工作④。1991年，中国出版年鉴在"第二届韬奋出版奖获得者简介"中收入了林穗芳的简历⑤。1992 年，中国出版年鉴在"经国务院批准享受政府特殊津贴的出版界专家简介"中，对林穗芳做了简要介绍⑥。2010 年，中国出版年鉴在"新中国 60 年百名优秀出版人物简介"中，简要介绍了林穗芳的成就⑦。

---

① 徐大庆 . 戴文葆编辑思想研究 ［D］. 武汉：华中师范大学，2011.

② 马文静 . 阙道隆编辑实践与编辑理论研究 ［D］. 武汉：华中师范大学，2011.

③ 刘莹莹 . 蔡学俭编辑出版实践及思想研究 ［D］. 武汉：华中师范大学，2013.

④ 朱慧茹 . 第二届韬奋出版奖获得者林穗芳 ［J］. 编辑之友，1991（3）.

⑤ 方厚枢主编 . 1991 年中国出版年鉴 ［M］. 北京：中国出版年鉴社，1991：143.

⑥ 方厚枢主编 . 1992 年中国出版年鉴 ［M］. 北京：中国出版年鉴社，1992：167.

⑦ 柳斌杰主编 . 2010 年中国出版年鉴 ［M］. 北京：中国出版年鉴社，2010：672.

（二）　追忆同林穗芳的交往

　　林穗芳去世后，他的亲人、同事和朋友写了多篇文章，追忆这位和蔼可亲、工作严谨、亦师亦友的老人。他的儿子林梅村写了《忆父亲》《林穗芳二三事》，文章感人至深，向读者介绍了林穗芳的生平事迹，也为笔者的论文写作提供了材料。他的同事张明惠、王一禾写了追思文章。张明惠在《饮水思源　编辑情深——忆敬爱的林穗芳同志》一文中叙述了林穗芳在工作中言传身教的往事，以追忆这位待人真诚、与人为善的启蒙老师①。王一禾在两篇文章中，追忆他是在良师林穗芳的指导、扶助和培养下才能成长为可以独立工作的编辑人员，在一笔一画地抄写中逐渐领悟到审稿的重要性，在一笔一画的抄写中看到林穗芳对待作者及其作品谦虚谨慎的态度②③。黄鸿森也写了长文《一颗光芒四射的编辑之星——悼念人民出版社编审林穗芳先生》，回忆同林穗芳的交往，赞扬林穗芳对文化事业的杰出贡献④。刘光裕在林穗芳逝世四周年之际写了《"文章千古事，得失寸心知"——纪念林穗芳逝世四周年》一文，讲述了两人相识相交的故事⑤。

（三）　评介林穗芳的著作和论文

　　林穗芳较有代表性的著作和论文《中外编辑出版研究》《标点符号学习与应用》《关于编纂历时性汉语新词典的设想》发表后，

---

　　①　张明惠．饮水思源　编辑情深——忆敬爱的林穗芳同志［J］．编辑之友，2010（4）：69-70.

　　②　王一禾．一笔一画的觉悟——追忆恩师林穗芳先生［J］．编辑之友，2010（4）：71-72.

　　③　王一禾．忆恩师林穗芳［M］//黄书元，张小平．人民出版社往事真情．北京：人民出版社，2011：211-217.

　　④　黄鸿森．一颗光芒四射的编辑之星——悼念人民出版社编审林穗芳先生［J］．出版发行研究，2010（9）（10）：69-73；70-72.

　　⑤　刘光裕．"文章千古事，得失寸心知"——纪念林穗芳逝世四周年［J］．济南大学学报，2013（6）：20-23.

得到多方面的评价。

　　《中外编辑出版研究》于1998年由华中师范大学出版社出版。1999年，范军写了专文《一部有价值的出版科学研究论著》评介该书，指出该书"对编辑学、出版学中的一些基本概念、范畴、命题进行了深入细致的探讨，提出并论证了自己富有建设性的观点"。同时"对编辑出版工作中的一些实际问题进行了认真探讨，总结出具有可操作性的、带规律性的经验"①。林穗芳致信范军表示感谢，认为"评论是中肯的和全面的"，"对文章中所指出的一些重大理论问题的研究将会起推动作用"②。同年，王华良也以《把编辑出版真正作为科学来研究》为题，谈了读《中外编辑出版研究》后的感想："林先生这本书在研究态度和研究方法上都有一个明显的特点，那就是把编辑出版真正作为科学来研究。书中随处可见的研究问题的科学态度和科学方法，以及书中已经充分展开的论述和只是提出来供讨论的问题，都有很好的启发作用和探讨基础，有利于我们把研究进一步推向深入。"③

　　林穗芳的力作《标点符号学习与应用》于2000年由人民出版社出版。随后，黄鸿森著文提出林著《标点符号学习与应用》中的四个开创性亮点：一是拓宽研究领域，二是考镜标点源流，三是比较中外标点，四是讲解标点用法④。2003年，他又称许"《标点符号学习与应用》是一部用汉语写成的世界标点符号史发轫之作，填补了这方面的一个空白"⑤。

　　2004年，林穗芳《关于编纂历时性汉语新词典的设想》一

---

　　① 范军．一部有价值的出版科学研究论著——读林穗芳著《中外编辑出版研究》[J]．出版科学，1999（3）：18-19.

　　② 林穗芳．林穗芳致范军信[J]．出版科学，1999（4）：60.

　　③ 王华良．把编辑出版真正作为科学来研究——读林穗芳著《中外编辑出版研究》[J]．编辑之友，1999（4）：57-58.

　　④ 黄鸿森．考镜源流 针砭差误 足资鉴戒[N]．新闻出版报，2000-05-22.

　　⑤ 黄鸿森．中外标点符号史综合研究开山之作——读林穗芳著《标点符号学习与应用》[J]．出版科学，2003（2）：92-96.

文发表后，也产生了很大反响。黄鸿森肯定它是一个"宏伟的构想，缜密的蓝图"①，黄河清认为"应该建立一个近现代汉语电子文献库"②，越南友人阮绍光写信认为"这样的工程太重要，太迫切了"，如能实现，"一定在世界文化史上树立新的里程碑"③。

　　2003 年 1 月，林穗芳曾自选了一本编辑出版理论与实务论著集，有目录初稿和编选说明，却因故未能面世。2013 年，王华良在《出版史料》发表文章④，披露林穗芳曾自选了一本编辑出版理论与实务论著集，有目录初稿和编选说明，因故未能面世，将有关情况介绍给出版界，引起有关方面重视。同年，该目录和编选说明发表于济南大学学报（社会科学版），让大家客观公正地评价林穗芳所做出的奉献，以此来告慰林穗芳。2016 年，《中国编辑》第 3 期刊发了李呆同志于 2013 年撰写的《林穗芳自选集》序——《林穗芳对编辑学研究的重要贡献》；2020 年 11 月，河南大学学报（社会科学版）发表的《林穗芳的编辑学研究》，再一次借林穗芳编辑思想理论传播之际，为媒介融合下深化编辑学研究提供新动力。

（四）研究林穗芳的编辑观点

　　对林穗芳编辑观点的研究集中在他对编辑理论、编辑规范、审稿和编辑加工这四个方面观点的阐述，主要有四篇文章。在《林穗芳的编辑学理论研究》一文中，肯定了林穗芳对编辑学理论建

---

　　①　黄鸿森．宏伟的构想，缜密的蓝图——林穗芳《关于编纂历时性汉语新词典的设想》读后感［J］．出版科学，2004（5）：21-23.
　　②　黄河清．应该建立一个近现代汉语电子文献库——兼作林穗芳《关于编纂历时性汉语新词典的设想》一文的回音［J］．出版科学，2004（4）：24-27.
　　③　阮绍光．越南友人阮绍光给林穗芳的信［J］．出版科学，2004（5）：23.
　　④　王华良．林穗芳未及出版的自选集［J］．出版史料，2013（1）：30-31.

设作出的贡献，提出"林穗芳的研究已经构成编辑学基本理论框架"①。在《林穗芳的编辑规范研究揽胜》一文中，总结了林穗芳关于编辑过程、语言文字、标点符号及英语文字四方面的规范与要求，认为它对增强编辑工作规范化具有很强的启迪和现实意义②。对林穗芳的审稿和编辑加工研究，也提出见解，认为"林穗芳的研究带有明显的理论联系实际的特征"③④。

另外，湖南师范大学王小椒在其硕士论文《林穗芳编辑实践与思想研究》中，从编辑学范畴论、编辑命题论和编辑规范论的角度，讨论了林穗芳的编辑实践及其特点：为编而学、多编辑外文书、编译结合、坚持质量第一的原则、实践与理论共进、注意培养年轻人⑤。

---

① 蔡姗. 林穗芳的编辑学理论研究 [J]. 出版科学，2010（2）：106-111.

② 蔡姗. 林穗芳的编辑规范研究揽胜 [J]. 中国编辑，2010（5）：18-24.

③ 蔡姗. 林穗芳的编辑加工见解及实践 [J]. 中国编辑，2012（6）：34-40.

④ 蔡姗. 林穗芳的编辑审稿研究 [J]. 编辑之友，2013（6）：102-105.

⑤ 王小椒. 林穗芳编辑实践与思想研究 [D]. 长沙：湖南师范大学，2013.

1 林穗芳生平与编辑研究发展概述

林穗芳（1929—2009），广东信宜人，人民出版社编审，资深编辑家、出版家、翻译家，中国共产党优秀党员，2009年12月因病逝世，享年80岁。

林穗芳的编辑研究是在20世纪80年代起步的，在此以前的三十年，他主要从事编辑实践，在此以后的三十年，他主要从事编辑研究。他的编辑研究同20世纪80年代兴起的编辑学研究热潮紧密联系在一起。

≣ 1.1 林穗芳为编辑的一生

林穗芳终其一生从事编辑工作，从1951年3月在南方日报开始从事编辑工作，退休以后，仍然从事编辑工作。他没有担任很高的行政职务，最高是编辑室主任。他一直工作在编辑第一线，在平凡中创造了不平凡的业绩。

1.1.1 一份简历

林穗芳在为河南大学出版社2009年10月出版的《亲历新中国出版六十年》写的回忆文章中，曾亲笔写了一份简历。此时离他去世只有两个月。他非常重视这份简历，简历如人，写得平凡朴实。现引述如下。

"林穗芳 1947年至1951年在广州中山大学文学院语言学系读书，1950年8月至1951年3月在南方日报社工作。1951年4月至1955年先后在中国人民志愿军和中国人民解放军某部、辽宁省军区和辽宁省干部文化学校做英语翻译及文化教育工作。1956年8月至1995年在人民出版社做编辑工作，先后任外国历史编辑、国际政治编辑室主任、编辑部质量检查组组长。1983年获编审职称。

1990年，获第二届'韬奋出版奖'；1991年，享受政府特殊津贴；1992年，任新闻出版署出版翻译高级职务评审委员会委员；1999年，受聘担任北京印刷学院兼职教授；2002年，被中国翻译工作者协会授予资深翻译家荣誉证书。

论文《图书编辑工作的本质、规律及其他》《电子编辑和电子出版物：概念、起源和早期发展》，分别获得全国出版科学研究优秀论文奖和中国编辑学会科研成果一等奖。"①

实际上这份简历还不全面，有些重要经历没有写进去②。至少他的专著《列宁和编辑出版工作》1989年获首届全国编辑出版理论优秀图书奖，专著《标点符号学习与应用》和《中外编辑出版研究》，译著《东欧共产主义》等③，以及合著《实用编辑学》

---

① 林穗芳. 回忆与感想［M］//宋应离，刘小敏. 亲历新中国出版六十年. 开封：河南大学出版社，2008：622.

② 《国际知识分子名人录》第10版（1993—1994年度）英国剑桥国际传记中心编《林穗芳》，介绍了林穗芳的详细情况。林穗芳. 关于"编辑学"国际用语定名问题的通信［J］. 编辑之友，1996（2）：19.

③ 黄鸿森在《一颗光芒四射的编辑之星——悼念人民出版社编审林穗芳先生（下）》中讲到"他译有英、德、俄文书籍，主要的是：［英］葛力克《唐人街》，［马］赖·腊伯马南扎腊《马尔加什民族史》，［德］欧伯曼《共产主义者同盟史》（合译），［美］安·捷尔吉等《东欧共产主义》，［美］赫·沃克《凯恩斯的哗变》等"。见2010年第10期《出版发行研究》。

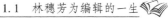

《书籍编辑学概论》《编辑工作二十讲》等，是可以带上一笔的。就在简历写后不久，他又荣获"新中国60年百名优秀出版人物"称号。

1.1.2 青少年时代

林穗芳生前回忆自己的文字不多，去世后他的长公子林梅村教授在《南方周末》和《北京青年报》写了《忆父亲》和《林穗芳二三事》，人民出版社编审王一禾、张明惠写了《忆恩师林穗芳》《饮水思源 编辑情深》等文章，反映了林穗芳在不同时期的学习、工作和生活往事。

1.1.2.1 岭南望族

林穗芳的老家是广东信宜。信宜林氏是岭南望族，人才济济，如民国时期孙中山的卫士林树巍、广东省政府主席林云陔等，以及中华人民共和国成立后任教育部副部长兼北京师范大学校长的林励儒。

林云陔是林穗芳家的靠山。林穗芳的祖父先后供职于林云陔兼任厅长的广东省财政厅、建设厅，又帮林云陔代收乡下地租。林云陔之所以能在民国官场"出污泥而不染"，靠的是有林穗芳祖父母代收地租的支持①。

1.1.2.2 聪慧少年

林穗芳九岁丧父，靠祖父母抚养成人。祖父有些旧学根底，喜欢吟诗作对。信宜有个对联社，定期举行对联评比，由一位前清举人判卷，每期录取20首，印发给投对人。林穗芳在祖父影响下也试学作对。当时家里没有什么诗词格律、对联作法之类参考书，只有从古人的一些律诗去体会摸索。区分平仄靠死背平水韵目。这位举人判卷讲究用典，要是你的头对上用了典故，录取的可能性就大

---

① 林梅村. 忆父亲 ［N］. 南方周末，2010-01-21.

些。这又推动林穗芳多读古文和诗词，经常翻阅《诗韵合璧》和《佩文韵府》去找典故。有一期对联社出的上句是"日丽聊观双蝶舞"，林穗芳投的对尾是"月残满听乱乌啼"，因为对尾用了张继名句"月落乌啼霜满天"的典故，被选上了。在学对联基础上他又慢慢学做旧体诗，在学校常以诗代作文，请老师修改。课余比较爱看的是《随园诗话》这类语文修养书。在少年时代，林穗芳便逐步培养了学习汉语语文的浓厚兴趣。

林穗芳上初中二年级时，家里请了一位从香港来的流亡大学生当辅导老师，帮助他学习英语，从此对外语也产生了兴趣。这为他后来掌握十多种外语打下了基础①。

1.1.2.3 名师高足

林穗芳高中毕业后考入中山大学语言学系。当年的中国语言学大师如赵元任、王力、岑麒祥、詹安泰、商承祚等都在中山大学执教，林穗芳都师从过他们②。在中山大学读书期间，由于基础好，加上名师教导，自己奋力学习，养成了扎实的语言文学功底，并通晓英文。他在学校还为香港地区《华侨晚报》翻译了美国小说《唐人街》。新中国成立之后不久，他就在学校参加了共青团。1951 年，林穗芳赴朝鲜参战，英语成为他询问俘虏得心应手的语言工具。

1.1.2.4 伯乐相知

中山大学毕业前夕，适逢北京新闻学校在全国招生，广州地区委托《南方日报》代招，林穗芳报名投考。笔试通过了，还要参加口试。口试由时任中共中央中南局宣传部副部长主管《南方日报》的曾彦修主持。曾彦修对他说，你喜欢新闻工作，不一定要到别的地方去，还问他是否愿意留在《南方日报》工作。报社编

---

① 林穗芳. 中外编辑出版研究 [M]. 武汉：华中师范大学出版社，1998：112.

② 林梅村. 忆父亲 [N]. 南方周末，2010-01-21.

委黄秋耘随后也来信邀他去编副刊。在曾、黄的促进下，林穗芳终于下决心从事编辑工作①。

在《南方日报》工作半年多，林穗芳申请参加抗美援朝战争。朝鲜停战后，林穗芳调到学校教书，学会了俄语，想找本俄文书翻译。他给人民出版社写信，收到时任社长曾彦修的亲笔回信，问林穗芳能否来出版社工作，林穗芳此后50多年就和人民出版社结下了不解之缘②。

1957年"反右"运动中，曾彦修被打成"右派"，林穗芳也写了大字报提意见，却逃过了这一劫。他一直认为，是新任社长王子野帮他过了关，把他从名单上划掉了③。殊不知，真正的救命恩人是曾彦修。2013年凤凰卫视对曾彦修进行过一次采访，原来是曾彦修在社长办公会上反对把林穗芳这样的人才打成"右派"，但是每个单位的"右派"是有定额的，必须有人顶替才行。于是，曾彦修挺身而出，自告奋勇代替林穗芳去当"右派"。他自己也没有想到后果竟然那么严重。

1.1.3 编辑情缘

人民出版社是我国出版事业的摇篮。它的前身是成立于1921年9月的人民出版社，中国共产党创始人之一、著名哲学家李达是首任社长。中华人民共和国成立后，许多社长也都是有名的大学者，如胡绳、曾彦修、王子野、陈翰伯、王益等。2009年评选出的新中国60位百名优秀出版人物，人民出版社就有五人入选，除林穗芳外，还有尤开元、范用、戴文葆、白以坦四位编辑大家。

林穗芳在外国历史编辑组工作，编辑了多部译著，如《法国革命史》《古巴独立史》《越南史略》《古代埃及》等。编辑《越

---

① 林穗芳.回忆与感想［M］//宋应离，刘小敏.亲历新中国出版六十年.开封：河南大学出版社，2008：437-438.

② 林梅村.忆父亲［N］.南方周末，2010-01-21.

③ 林梅村.忆父亲［N］.南方周末，2010-01-21.

南史略》时，自学越南文。1962年，林穗芳调到国际政治编辑组，又学习了阿尔巴尼亚文和印度尼西亚文等。1980-1984年，组织翻译出版了《铁托选集》四卷本。担任国际政治编辑室主任期间，他编发了多种外文书稿，包括一套外国共产党的历史①。他结合工作学习，先后掌握了16种外语，其中包括11种欧洲语言和5种东方语言。据统计，人民出版社从1950年到1990年，共出书7000多种，翻译书有3000种，译自23种外语，其中林穗芳贡献了很大力量②。

林穗芳还是胡乔木树立的新闻出版界的标兵。王子野在1964年写的一篇《编辑出版工作中的比学赶帮》文章中这样称赞他："我看了林穗芳同志努力学习外文的事迹也很感动。林穗芳在7年中学完了10种外国语，他的老底子是俄文、英文两种，现在一共懂得12种。……要学会这么多的外文，而且靠独立自学，困难是不少的，但是林穗芳同志就有那股劲，肯下苦功夫，锲而不舍，非学到手不止。"③

由于林穗芳工作成效卓著，到1995年即66岁时才退休。退休后仍然孜孜不倦地从事编辑出版研究工作，为编辑学、出版学的学科建设做出了重大贡献。终因积劳成疾，于2009年12月29日12点55分不幸病逝。他的生前好友，人民出版社原副总编吴道弘亲写挽联准确地总结了林穗芳一生的成就：

> 编辑巨匠出书育人事无巨细审读国际译稿眼底尽世界风云
> 学术精英著书立说文通中西涉猎人文学科笔下多锦绣文
> 章④

---

① 王一禾．忆恩师林穗芳［M］//黄书元，张小平．人民出版社往事真情．北京：人民出版社，2011：211.

② 林梅村．忆父亲［N］．南方周末，2010-01-21.

③ 王子野．编辑出版工作中的比学赶帮［M］//黄书元，张小平．人民出版社往事真情．北京：人民出版社，2011：6-7.

④ 王一禾．忆恩师林穗芳［M］//黄书元，张小平．人民出版社往事真情．北京：人民出版社，2011：217.

1.1.4 学习楷模

林穗芳的一生是爱党爱国爱社会主义的一生。解放不久就参加了共青团。抗美援朝战争开始，他就报名参军。这鲜明地反映了林穗芳的政治态度和忧国忧民的情怀。由于他在编辑工作中长期接触马列主义原著，在学习和翻译原著中不仅通晓了马列主义基本原理，而且掌握了正确的立场、观点和方法，这在他的编辑工作和研究文章中体现得很突出。他是新中国培养成长的第一代编辑大家。尽管他的职务最高只是编辑室主任，但他并不为此气馁，而是以更大的努力和毅力从事工作和学习。他钻研 16 种外语的动力，绝不是来自金钱、权势和名位，而只能是源于坚定的信仰和优秀的政治品质以及坚强的意志。

林穗芳的一生也是为编辑的一生。他从事编辑第一线工作近60 年，对编辑事业怀有深厚的感情。他称赞戴文葆是一位真正的编辑①。戴文葆同林穗芳一样，终其一生都工作在编辑第一线。有些人从事编辑工作时间也不短，但是后来为官了或者调做别的工作了，脱离了编辑实践。林穗芳和戴文葆不是仅仅把编辑工作视为职业，而是视为毕生追求的事业。由于长期从事编辑实践，他们热爱编辑工作，了解和熟悉编辑工作。这是他们作为编辑家很显著的一个特点。

林穗芳的一生也是为学习和研究的一生。他的工作、学习和研究是紧密结合在一起的，结合工作学习，学习马列理论，学习专业知识，学习外语；在结合工作学习基础上进行研究，研究编辑理论，研究编辑实务，研究编辑规律，研究编辑历史。他的知识既博又专，在学校只是打下了基础，掌握了中外语文工具，知识主要来源于深入实践和刻苦自学。他既是工作标兵，又是学习楷模，还是研究先驱。他在总结《林肯传》编辑工作经验时说过这样一句话：

---

① 王一禾. 忆恩师林穗芳［M］//黄书元，张小平. 人民出版社往事真情. 北京：人民出版社，2011：215.

17

"如果要概括地说明本书编辑工作的特点的话，那就是翻译、编辑和研究相结合。"① 这也是他编辑其他图书的一个特点。林穗芳为编辑的一生，也是为学习和研究的一生。

1.2 编辑学研究热潮与林穗芳的编辑研究 贡献

十年"文革"动乱结束，改革开放遍及全国各地各行业，出版行业也不例外。随之兴起的编辑学研究热潮，不仅有力地促进了编辑领域的思想解放，推动了出版事业的发展，同时吸引了广大研究者积极从事编辑研究，取得许多重要成果，使编辑学走进科学殿堂。林穗芳便是在这个时代大背景下，与其他研究者一道迈上了编辑研究之路。

1.2.1 编辑学研究热潮的兴起

20 世纪 80 年代，中国大地出现了一股编辑学研究热潮。第一篇论文《科学地编辑和编辑的科学》发表于中国出版工作者协会主办的《出版工作》1980 年第 4 期，作者是商务印书馆资深编辑陈仲雍。作者认为，图书是精神财富的一种物质承担形式，从稿件到图书，是一个客观存在的矛盾的演变和结果。编辑学研究这个矛盾，揭示它的规律性，以利我们自觉地运用这个规律，达到出版图书、增添精神财富的目的。文章并设想了一个编辑科学的体系。接着而来的是尚丁的《"编辑学"小议》，林坚的《把编辑业务当作一门科学来研究》，伍杰的《关于建立编辑学的意见》，申非的《略谈编辑和编辑学》等等。据胡光清统计，从 1978 年至 1986 年 2 月共发表有关编辑学、编辑史的论文 51 篇，有关编辑和编辑工

---

① 林穗芳．中外编辑出版研究 [M]．武汉：华中师范大学出版社，1998：152.

作研究的论文 96 篇①。同时期，中国人民大学出版社出版了《报纸编辑学》，台湾出版了张觉民的《现代杂志编辑学》。

1983 年，中国出版工作者协会在桂林召开首届出版年会，全国有 254 位作者写出 247 篇论文，其中有关编辑工作的 132 篇。会上，宋原放发出了"迫切需要建立社会主义出版学"的呼吁。1985 年 12 月，中国出版发行科学研究所举办的全国首届出版学术讨论会在重庆召开，比较集中地讨论了编辑学的定义、对象、知识体系、学科性质等问题。1986 年中国出版工作者协会和中国出版发行科学研究所联合在武汉召开第二届出版研究年会，掀起了编辑学、出版学研究的热潮。

编辑学研究热潮在 20 世纪 80 年代兴起不是偶然的。它是出版领域改革开放、拨乱反正必然带来的积极影响。正如宋木文所指出的："出版领域的拨乱反正在 20 世纪 80 年代初期即已基本完成，但它的影响是深远的。"② 当时，"文革"十年造成的严重书荒状况已经改观，出版出现了恢复性增长，"两个估计"的彻底否定，极大地调动了出版工作者的积极性。1983 年召开的全国出版工作会议及会后中共中央和国务院颁布的《关于加强出版工作的决定》，把整个出版工作推向一个新的高度。《决定》要求"建立出版发行研究所"，"加强出版、印刷、发行的科研工作"，给予出版研究以极大推动。1984 年 7 月，胡乔木在《就试办编辑专业问题复教育部信》中指出：编辑之为学，非一般基础课学得好即能胜任。他要求在大学建立编辑学科，"为促成这个专业（或编辑、新闻专业）的诞生，我宁愿不惮其烦"③。复信不仅促进了编辑学专业在高校诞生，而且对编辑学研究的深入注入了活力和动力。同时，编辑实践也呼唤编辑学研究的开展和深入。

19

---

① 胡光清.1978—1986 有关编辑学编辑工作研究文章辑览［J］.出版科学（试刊），1986：61-64.
② 宋木文.亲历出版 30 年［M］.北京：商务印书馆，2007：43.
③ 转引自宋木文.亲历出版 30 年［M］.北京：商务印书馆，2007：268-269.

1.2.2 编辑学研究热潮的持续和深入

1992 年 10 月中国编辑学会成立是编辑学研究走向持续和深入的起点。在此以前，上海、北京等地成立了编辑学会，但没有全国性的编辑学会。据不完全统计，到 1992 年上半年，全国已发表有关编辑工作的论文 1000 多篇，出版有关编辑学和编辑工作的图书 130 多种，有 9 所高等院校建立了编辑学专业，编写和选用的编辑、出版专业教材上百种①。编辑学研究和学科建设迫切需要成立全国性的学会组织。经过几年准备，由新闻出版署和民政部批准，完成社团登记手续，成立了由刘杲任会长的首届中国编辑学会。中国编辑学会经过改选，至今已历经四届，在历届中国编辑学会组织领导下，编辑学研究取得了很好进展。

20 世纪 90 年代至新世纪头十年，编辑学研究主要围绕编辑理论、编辑实务和编辑史三方面展开。中国编辑学会每年都召开年会，年会有专题，还有专题讨论会。全国性的编辑学术会议，如1994 年的郑州会议讨论编辑学研究的重点，1995 年的成都会议讨论编辑学学科定位，1996 年的大连会议讨论编辑规范，1997 年的银川会议讨论编辑学理论框架。研究成果有《编辑学理论纲要》《普通编辑学》《图书编辑工作基本规程》以及全国出版专业职业资格考试辅导教材等多种。

经过四十年，编辑从无学到有学，从零星分散的研究到全面系统的研究，从自发的无计划的研究到有组织有计划的研究，出版编辑报刊纷纷创办，出版了数以百计的编辑学著作和大量研究论文，全国有上百所高校招收编辑出版本科生、硕士研究生和博士研究生，与四十年前相比已经发生划时代的变化，编辑出版学科建设正在迈向多媒体新领域和数字时代。

---

① 刘杲. 加强编辑研究，促进出版发展——在中国编辑学会第一届理事会上的报告（1992 年 10 月 13 日）[M]. 中国编辑学会成立大会纪念册，1992：8.

1.2.3 林穗芳编辑研究的主要成果与贡献

需要强调说明的是，在四十年持续不衰的编辑学研究热潮中，活跃着一批长期从事编辑实践、退休前后积极从事编辑理论和实务研究的老编辑的身影，其中著名的有中国出版科研所的邵益文、中国青年出版社的阙道隆、高教出版社的杨陵康、清华大学出版社的庞家驹、人民出版社的戴文葆和吴道弘、商务印书馆的陈仲雍、百花文艺出版社的徐柏容等等，林穗芳是其中一个突出代表。他参与研究的时间最长，用心用力最深，用功最勤，成果最突出。他从事编辑学研究的三十年是他生命中最后的三十年。他在 1995 年退休，此前十五年他仍在职，结合工作积极从事编辑学研究，此后十五年他集中全力研究编辑理论和实务，直到去世。

林穗芳结合工作努力学习，掌握了马列主义的基本理论和立场、观点、方法，具有深厚的理论基础。同时经过长期编辑工作实践，培育形成了丰富的编辑工作经验和良好的学风文风。他还具有渊博的汉语言文字知识，掌握了英语等多种外语。这些为他从事编辑研究奠定了扎实的基础。而编辑学研究热潮的兴起和深入则为他的编辑研究提供了充分的外部条件。

四十年编辑学研究中举办了许多学术年会、专题讨论会和讲座，进行编辑队伍培训和书报刊质量评比检查，编写职业资格考试辅导教材，设置研究项目等。林穗芳是这些活动的积极参与者，编教材，写文章，作报告，参加评比，接受咨询，通过这些活动，逐渐提出和产生了许多学术成果。

四十年编辑学研究中的良好学术研究气氛也为林穗芳的编辑研究提供了宽松的环境。百花齐放，百家争鸣，各抒己见，畅所欲言，是编辑学研究热潮持续和深入的重要特点。在这种氛围中形成了各种不同观点的学术研究派别，出版了相应的学术专著和重要文章，例如阙道隆的《编辑学理论纲要》、王振铎的《编辑学原理论》、刘光裕的《现代编辑学》、任定华的《编辑学导论》等，其中也包括林穗芳与阙道隆、徐柏容合著的《书籍编辑学概论》。

21

编辑学研究热潮持续和深入的大背景，推动林穗芳等大批老中青编辑研究者从事编辑研究，他们的研究又进一步促进编辑学研究热潮走向持续和深入。林穗芳的编辑研究与编辑学研究热潮相辅相成，随着编辑学研究热潮的持续和深入，他的编辑研究逐渐成熟，丰富而多样。总体而言，林穗芳的主要研究成果与贡献体现在编辑理论研究，编辑实务研究（编辑策划、编辑审稿、编辑加工、编辑后期工作、翻译读物编辑工作、电子编辑和电子出版），编辑规范研究，标点符号研究这四个方面。全文核心部分将从这四个方面对林穗芳的编辑理论与实践作专题研究和评述。

2 林穗芳的编辑理论研究

20世纪80年代兴起的编辑学研究热潮主要贡献是论证了编辑有学，为编辑学理论建设奠定了坚实基础。林穗芳和其他研究者为此锲而不舍，辛勤耕耘着这片热土，做出了重大贡献。英文没有相对应的"编辑学"用语，林穗芳在1986年武汉举行的全国出版科学研讨会上建议采用"redactology"作为表达编辑学概念的国际用语，得到通行①。他对编辑学研究的贡献是多方面的，这里就他对构建编辑学理论的基本框架方面作一评述。

2.1 对编辑学基本概念的研究

明确基本概念是编辑学理论建立的前提。编辑及与编辑相联系的书籍、图书、出版物等是编辑学的基本概念，20世纪80年代诸多研究者对此进行研究，提出了许多见解，其中林穗芳着力最多、研究最深、论证最详。

① 林穗芳. 关于图书编辑学的性质和研究对象 [J]. 出版发行研究, 1987（2）：4.

23

2.1.1　编辑概念

各门学科都有自己的核心概念,如经济之于经济学,法律之于法律学,编辑学的核心概念是编辑。研究者对编辑概念的解释不下三十种,共同点是都把编辑活动作为文化活动的一部分,基本特征是对文化成果的收集、选择和加工整理,分歧之处在于编辑概念是否应该涵盖古今编辑活动和多媒介组织中的专业编辑活动与社会上的非专业编辑活动,编辑学是否应该研究作为著作方式之一的编辑活动,"编著合一"是否古代编辑活动的特征。

林穗芳对编辑的词源作了详尽论述。他在《"编辑"词义从古到今的演变》一文中,具体统计了二十五史中对编辑及相关词语共 23 种的使用频率,分为四类:带"著""作""撰""述"、不带"编"字有 5 种为第一类,带"编"字、不带"校"字如"编辑""编者"等有 10 种为第二类,带"纂"字、不带"编"字如"纂集""纂修"等有 5 种为第三类,带"校"字如"校理""校对"有 3 种为第四类。

他逐一分析了这 23 种编辑及相关词语的使用语境、本义及语义演变,认为这些词语都是一种著作方式,对于最接近现代编辑概念的古代"编辑"词语,最初的本义或词源义为修撰、编写,还可作编集、编纂讲,是古代用来表示作品的一种著作方式。只是到了现代,编辑一词产生了新义,成为出版工作的一部分。林穗芳认为,研究编辑概念不能离开使用时代和语境。现代编辑作为出版工作的一个环节,它的性质不同于原来表示著作活动的编辑。编辑概念古今不同,编辑学作为新兴学科无疑应当建立在现代意义的编辑概念基础上。由此,他提出要区分"两种编辑",即作为著作方式之一的编辑和作为出版工作一部分或作为一种专业工作的编辑,编辑学研究的应是后一种编辑,而不应是前一种编辑。没有涵盖古今的编辑概念,古代无疑存在"编著合一"现象,但它不是古代编辑活动的特征①。

　　林穗芳的这种见解是一种创见，它受到一些研究者的支持，也有一些研究者不同意。这是学术研究的正常现象。它的争论促进了编辑学理论研究的深化。阙道隆在《编辑学理论纲要》中综合众说，提出"对编辑概念宜作广义和狭义的理解和界定"，"广义的编辑包括古代作为成书方式的编辑活动、多媒介组织中的专业编辑活动和社会上的非专业编辑活动。狭义的编辑指多媒介组织中的专业编辑活动"，"本文除研究这种专业编辑活动之外，还把作为成书方式的古代编辑活动和社会上的非专业编辑活动纳入视野之内"，"因为它们有共同的本质，研究它们的共同本质，有利于开阔研究视野，揭示编辑活动的普遍规律"②。阙道隆在编写《纲要》时曾多次同林穗芳商议编辑概念的表述等问题。阙道隆的"广义编辑和狭义编辑"论与林穗芳的"两种编辑"观有同有异，阙道隆肯定了编辑词源的多义，而仍将多义词源的编辑概念作为编辑学研究的对象。林穗芳在喜读《纲要》的文章中，肯定《纲要》"反映出作者编辑观点的新发展"，同时指出广义编辑的外延难以明确界定③，实际认为广义编辑不能作为编辑学的研究对象。

　　编辑概念的界定既是学科建设所必须又不能简单和急于"统一"。实践在发展，进入新世纪后，出版业出现了许多新情况和新问题，在编辑理论建设中，编辑概念仍是有待深入研究的课题。但是应当肯定，经过众多研究者包括林穗芳的努力，已为编辑概念研究打下良好的基础。

2.1.2　相关概念

　　林穗芳在他与阙道隆、徐柏容合著的《书籍编辑学概论》中

---

　　①　林穗芳."编辑"词义从古到今的演变［J］.中国编辑研究年刊，2002：1-2.
　　②　阙道隆.编辑学理论纲要［J］.出版科学，2001（3）：13.
　　③　林穗芳.对我国编辑理论研究的重大贡献——喜读阙道隆《编辑学理论纲要》［J］.出版科学，2001（4）：24-27.

负责编写了 6 章（全书 18 章），他在第二章《书籍》及其他文章中分析了书、书籍、图书、出版及出版物等概念的联系和区别①。这些概念与编辑概念相联系，界定编辑概念同时需要弄清这些相关概念。

他认为，书籍是人类最重要和历史最悠久的文化传播媒介之一，经历了几千年的演变过程，它的概念也在发展变化。对比中国、朝鲜、越南、希腊、罗马、欧洲、阿拉伯等国家和地区书籍形成的历史，一个共同的现象是，中外书字的来源多同文字，或者同书写文字的行为、工具、材料有着密切联系。如中国，《说文解字》中，书是形符"聿"加音符"者"构成的形声字。隶书将书的下半部"者"简化为"曰"。"聿"是"筆"的本字，像三个手指握一支笔。以后书的字义进一步发展，泛指用文字记录于某种载体上的东西，即书籍、文献，所谓"著于竹帛谓之书"。由于书是多义词，脱离上下文往往不知所指，于是出现了泛指典籍、书册的双音词"书籍"。

林穗芳指出，从不同的角度可以给书籍下不同的定义。"传统的书籍是用文字、图像、声音或其他符号按一定的主题和结构系统组成一个独立的整体，以印刷或非印刷的方式复制在供携带的载体上以向公众传播的作品。""现代书籍多用纸张印刷成册，不定期出版，可修订增删再版；除印刷版外还有用胶质、磁性、光学或其他材料制作的缩微版、录音版、录像版、多媒体版等。"② 他还认为，书籍以非印刷形式出版，通常列入非书资料，另行统计，但也可以认为是书籍的新形式，如一些光盘读物被分配国家标准书号。这里可以看出，他对书籍的定义是比较宽泛的，根据载体的变化，将光、电、磁和多媒体介质读物，都视为"书籍"及"书籍的新形式"。

---

① 阙道隆，徐柏容，林穗芳．书籍编辑学概论［M］．沈阳：辽宁教育出版社，2004：32-68.

② 阙道隆，徐柏容，林穗芳．书籍编辑学概论［M］．沈阳：辽宁教育出版社，2004：32-68.

"图书"一词起源于神话，"河出图，洛出书，圣人则之"（易·系辞上）。河图洛书可能是上古无文字游牧时期的气象图和方位图，这两个字到秦汉时已联成词，用来表示书籍。林穗芳认为，在现代汉语中，书籍同图书和书有时通用，但不是完全等同的概念，它们的意义和用法也有区别。图书包含图和书，在一般场合下泛指书籍。但分类统计时图书的外延大于书籍。我国现代图书出版数量分书籍、课本和图片三类统计，书籍是图书的一个种类。书表示个体概念和普遍概念，书籍是书的总称，表示集合概念。从概念上说，书籍把课本包含在内，将它们分列是统计的需要。

林穗芳还指出，要区分书和小册子的概念。在我国，小册子指篇幅小的书，但小到什么程度没有具体规定。许多国家则以页数的多寡来区分书和小册子，具体的页数各国过去规定不一致。日本、意大利、爱尔兰等国规定书的最小页数为 100 页，匈牙利为 64 页，丹麦为 60 页，少于上述数字的则为"小册子"。联合国教科文组织 1964 年十三次大会通过《关于书籍和期刊出版统计标准化的建议》，提出"一本书（a book）是在某一个国家出版、使公众可以得到、不算封皮至少有 49 页（pages）的非定期出版物"，"一本小册子（a pamphlet）是在某一个国家出版、使公众可以得到、不算封皮至少有 5 页但不超过 48 页的非定期印刷出版物"。该《建议》所指的书表示个体概念和普遍概念，指一本本的书，如译成图书就不符合原意，因为图书代表集合概念，页数不可数，它包括小册子和图片。

林穗芳不赞成将图书列入大众传播媒介，认为将其看作文化传播媒介更加符合它的本质特点。报纸、广播、电视等大众媒介受传者众多，包含不同阶层和社会集团、不同年龄和文化程度的读者，图书适合大众阅读的只占一小部分，受读者教育程度、专业知识和购买能力等诸多条件的限制，读者人数不可能像大众媒介那样增长很快。同类书品种多了，读者选择性强了，平均销售数自然会减少。这一规律有助于加强对图书性质的了解。他说："如果把图书作为一个整体列入大众媒介就会模糊对图书的性质和主要社会功能

的认识，不利于我们根据社会多方面、多层次的需要来全面贯彻为
人民服务、为社会主义服务的出版方针。"①

　　林穗芳主张对书籍和出版的概念也加以区分，把书籍等同于出
版会造成概念上的混乱，模糊书史和出版史的界限②。弄清出版概
念也是研究编辑概念不能回避的问题，既要符合国情，也要与国际
接轨③。有一篇文章认为，出版就是制作载体，把信息"公之于
众"。林穗芳不认同这种解释，他说："出版作品是把作品公之于
众，但不能反过来说把作品公之于众就是出版。……要使作品公于
众成为出版，必须具备一定的条件，这就是作品经过编辑、复制向
公众发行。"④ 按照对出版概念这样的解释，他认为书肆在西汉末
期出现应看作出版业的开端，有书籍并不等于就有出版。他还认
为，图书与出版物的概念有别。出版物的概念与出版业相联系。出
版业产生之前在社会上流传的图书还不能视为出版物。图书被制作
出来，必须向公众发行才成为出版物⑤。

2.2　对编辑学基本范畴的研究

　　任何学科都是由一定概念和范畴体系构成的，对基本概念和基
本范畴的研究带有学科奠基性质。林穗芳认为，"基本范畴不同于
一般概念，应当是可以尽述的。一个学科的基本范畴和概念划分得

---

　　①　阙道隆，徐柏容，林穗芳．书籍编辑学概论［M］．沈阳：辽宁教育
出版社，2004：32-68.
　　②　林穗芳．"编辑"词义从古到今的演变［J］．中国编辑研究年刊，
2002：1-2.
　　③　林穗芳．撰写和完善《编辑学理论纲要》需要探讨的一些问题［J］．
出版科学，1999（1）：17-19.
　　④　林穗芳．"编辑"词义从古到今的演变［J］．中国编辑研究年刊，
2002：1-2.
　　⑤　林穗芳．中外编辑出版研究［M］．武汉：华中师范大学出版社，
1998：2.

越科学越清楚，这个学科的理论体系就越成熟。"① 1997 年 9 月，中国编辑学会在银川市开会讨论《编辑学理论纲要》框架，林穗芳建议设单章讨论编辑学基本范畴。他认为，从现有的研究成果来看，可列入编辑学基本范畴的有传播媒介、编辑主体和客体、作者（传者）、读者（受众）、编辑劳动、编辑模式、编辑过程、编辑方针、编辑构思、编辑风格等②。林穗芳没有全面地展开论述，但这些建议在阙道隆编写的《编辑学理论纲要》中被基本采纳，并作了补充和发挥。

2.2.1 编辑模式

模式是学科的基本范畴。不同学科具有不同的模式。传播学中的传播模式是对传播现象、传播过程的理论化、简约化描述。编辑模式是编辑学研究中提出的一个重要范畴，旨在研究不同社会制度和不同文化传统背景下编辑组织结构和编辑活动的基本特征。林穗芳认为，我国编辑工作由计划经济向市场经济转轨，对不同国家和我国不同时期编辑模式进行比较研究十分重要，它最能揭示编辑活动的本质特征。他将不同的编辑模式分为五种，即中国古代编辑模式、西方古代编辑模式、社会主义计划经济条件下的编辑模式（包括中国和苏联）、社会主义市场经济条件下的编辑模式、资本主义市场经济条件下的编辑模式。通过比较，认为"依照一定方针开发选题，组织、选择、加工稿件以向公众传播"，是书刊编辑工作古今中外共同的基本模式③。他没有对以上五种编辑模式分别进行具体描述。阙道隆在《编辑学理论纲要》中设专章讨论了古代中国、现代西方和当代中国三种编辑模式，并阐述了各自的基本

---

① 林穗芳. 撰写和完善《编辑学理论纲要》需要探讨的一些问题 [J].
出版科学，1999（1）：17-19.

② 林穗芳. 撰写和完善《编辑学理论纲要》需要探讨的一些问题 [J].
出版科学，1999（1）：17-19.

③ 林穗芳. 撰写和完善《编辑学理论纲要》需要探讨的一些问题 [J].
出版科学，1999（1）：17-19.

特征①。

2.2.2 编辑过程

编辑过程也是编辑基本范畴之一。编辑过程包括选题、组稿、审稿、加工等不同环节，在不同阶段，从不同层面对图书质量起保障作用。阐明编辑过程需要解决的问题是，哪个环节对全局有较大影响，即什么是编辑工作过程的中心环节。明确此点具有重大理论和实践意义。

林穗芳认为，在编辑过程的各个环节中，选题和审稿是两个基本环节。选题是出版工作的基础，具有导向作用，但中心环节只能有一个，就是审稿。审稿之所以是编辑工作的中心环节，是由于：1）编辑的主要任务是把好质量关。在选题、审稿、加工三个环节中，审稿处于承上启下的中心地位，是最重要的质量把关。2）交办稿和自投稿不是选题策划得来的，不采用的稿件无须进行编辑加工，但都要经过审稿才能确定如何处理。编辑工作的某些环节可以节省，而审稿在任何情况下不可缺少。3）编辑在选题组稿时要对题目和作者作出正确选择，在审稿时则要对稿件作出正确选择，显然后一种选择对决定质量具有更直接、更关键的意义。选题策划失误在审稿时可以补救，审稿失误则不容易发现和改正，加工整理再细致也不大可能使其成为精品②。三审制是我国在 20 世纪 50 年代初参照苏联模式建立的基本编辑工作制度，一直延续至今，实践证明，它是保障质量行之有效和必须继续坚持的基本制度。图书质量管理失控，出现种种问题，三审制流于形式，轻视审稿是主要原因。针对西方重选题轻审稿的说法，林穗芳指出："西方以组稿（策划）编辑为中心的编辑模式有可供借鉴的东西，但介

---

① 阙道隆. 编辑学理论纲要 [J]. 出版科学，2001（3）（4）：9-24；8-23.

② 林穗芳. 撰写和完善《编辑学理论纲要》需要探讨的一些问题 [J]. 出版科学，1999（1）：17-19.

绍要全面，认为西方编辑重选题轻审读加工的观点是不符合实际情况的。"① 西方组稿编辑的职责，他们究竟如何工作，林穗芳在题为《责任编辑的主要职责——西方组稿编辑重选题轻审读加工吗?》一文中作了具体介绍，说明西方组稿编辑既注重选题策划又注重审读加工。

林穗芳进一步指出，不仅要明确和坚持审稿是编辑工作的中心环节，同时要明确和坚持编辑工作是出版工作的中心环节，在社会主义市场经济条件下仍然如此，这是编辑工作的性质、作用及其在整个出版工作中所处的地位决定的。他说："在西方以营利为目的的出版社占大多数，其出版工作在实际上（不是在理论上）是以市场营销而不是以编辑工作为中心的。我们的编辑工作要重视市场营销，但不能以此为导向。"②

林穗芳还认为，在数字出版的条件下，编辑工作中心环节的地位没有变。早在 1996 年，他就研究了互联网络与出版业的新发展，网络出版是一种全新的无物化的出版形式，它同传统的联系与区别③。

2.3 对编辑基本规律的研究

编辑工作是一种客观存在，有其存在发展的必然性，即客观规律。它决定编辑活动的基本性质，影响编辑活动的各个方面。认识和掌握编辑工作的规律，有助于主观认识符合客观实际，自觉地开展编辑活动。揭示编辑规律是编辑学理论研究的一项基本课题。

① 林穗芳. 撰写和完善《编辑学理论纲要》需要探讨的一些问题 [J]. 出版科学，1999（1）：17-19.

② 林穗芳. 撰写和完善《编辑学理论纲要》需要探讨的一些问题 [J]. 出版科学，1999（1）：18.

③ 林穗芳. 互联网络与出版业的新发展 [J]. 编辑之友，1996（2）：15-17.

2.3.1   编辑规律的层次

林穗芳认为，编辑规律有基本规律、普遍规律、特殊规律之分。"普遍"和"特殊"是相对的。图书有许多种类，各类图书编辑共同的规律是图书编辑的普遍规律；相对而言，只适用某一类图书编辑的规律是特殊规律。他以阙道隆《编辑学理论纲要》中提到的"保证文化产品质量与掌握最佳传播时机相统一规律"为例说明，它是只适用于一部分出版物例如报纸的编辑规律，不是普遍规律。编辑的普遍规律应当是从各种传媒（包括网络新媒体）的编辑活动中归纳出来的带共同性的规律。"基本"有"根本的""主要的"意思，基本规律体现事物发展中的本质的必然的联系，在事物发展全过程中起主导作用。从不同角度、侧面或局部考察，可以得出数量不定的若干编辑规律。基本规律是从全局考察得出的，是最高层次的规律，其他规律则处于从属的地位。编辑基本规律最好归纳成一条，列举多条便没有主次之分了①。此前刘杲曾提出，编辑活动的规律可以有特殊规律、普遍规律和基本规律②。两位先生的论点是一致的。在编辑规律研究中确实存在层次不分、表述不清的现象，两位先生对编辑规律的层次划分和分析，无疑具有启示作用。

2.3.2   编辑基本规律

1987 年在乌鲁木齐市召开的编辑学研讨会上，林穗芳曾经这样表述社会主义图书编辑工作的基本规律："以社会效益为最高准则，以准确而全面的评价为基础，组织、选择、加工稿件以供

---

① 林穗芳. 编辑基本规律新探 [J]. 出版科学，2002（2）：7-11.
② 范军. 关于编辑活动基本规律的讨论 [J]. 出版科学，2004（5）：18.

出版。"① 2002 年，他看了许多有关编辑规律的文章，经过研究，对编辑基本规律作了新的表述："在为作品的内容向公众传播作准备的过程中作者和读者/用户之间的供需关系的矛盾在全面而准确评价的基础上依照质量第一和社会效益第一的原则加以调节和解决。"②

林穗芳这两种表述不同之处，首先前者是探讨图书编辑工作的基本规律，后者是探讨涵盖各种传媒（包括网络）编辑活动的基本规律；其次前者着眼于社会主义图书编辑工作，后者着眼于古今中外传媒的编辑工作。林穗芳关于编辑基本规律的新探与其他一些研究者的表述既有联系又有区别。通行的认同的表述是刘杲的观点："编辑基本规律是编辑人员以传播文化为目的对作品进行选择和加工。""编辑基本规律存在于各种文化传播活动所包含的编辑活动中，具有普遍性。""在编辑活动中，编辑基本规律影响全局和贯彻始终，并且制约其他的编辑规律。"③ 对照两位先生的表述，相同之处是都涵盖多种传播媒介的编辑活动，具有全面性和一贯性，编辑客体都是作品，内容基本接近，文字的表述则有差异。刘杲的表述简明精要，林穗芳的表述完备周全。林穗芳认为多媒体的编辑工作环节多少不尽相同，编辑规律不仅仅与某几个环节有关，所以试图用带共性的说法"为作品的内容向公众传播作准备"来概括编辑工作的全过程。新表述保留了原表述中的"全面而准确的评价"，去掉了"组织、选择、加工稿件"，是因为"'评价'一词，除它的本义外，还带有鉴别、评估等关联意义……所有编辑活动都是以对作品和其他工作对象的鉴别、评价、评估为基础的"④。林穗芳探讨编辑基本规律的切入点是解决精神产品的供需矛盾。他认为，作品传播过程中多种矛盾集中表现为作者和读者/

① 林穗芳. 图书编辑工作的本质、规律及其他 [J]. 出版发行研究，1988（1）：9.

② 林穗芳. 编辑基本规律新探 [J]. 出版科学，2002（2）：7-11.

③ 刘杲. 出版笔记 [M]. 石家庄：河北教育出版社，2006：406.

④ 林穗芳. 编辑基本规律新探 [J]. 出版科学，2002（2）：7-11.

用户之间供需关系的矛盾，读者对作品的需求是矛盾的主要方面。这个矛盾不是作者或者读者/用户一方能够独自解决的，中间需要有调节和解决矛盾的社会机制，编辑处于中介地位，是解决供需矛盾的组织者。编辑的主要任务是解决精神产品内容方面而不是物质和数量方面的供需矛盾。

林穗芳对编辑基本规律表述的前部分是探讨通过对作品和其他工作对象进行全面而准确的评价找出矛盾所在之处，后部分是探讨用什么办法处理矛盾，这就是两个"第一"，即质量第一和社会效益第一。编辑基本规律要涵盖古今中外编辑活动，这两个"第一"能否反映西方资本主义条件下的编辑活动规律？林穗芳的解释是"质量第一的原则适用于中外的编辑活动，是不会有争议的"。"在社会主义市场经济条件下，编辑应当依照社会效益第一的原则处理作者和读者的矛盾，问题是社会效益第一的原则是否适用于资本主义市场经济条件下的编辑工作。社会效益的原则在编辑规律中如何表述好，尚待进一步探讨"。"目前两个'第一'并提是出于这样的考虑：精神产品的质量与社会效益是同步的，与经济效益有时则不一定同步；编辑工作要求质量第一，必然同时要求社会效益第一；把经济效益放在社会效益之上，就不能始终坚持质量第一"。"由于社会制度不同，或者由于价值观不同，人们对社会效益的内容理解也不会有所同。检验精神产品质量的首要标准总是社会效益，而不是经济效益"①。

综观林穗芳对编辑基本规律的表述，是同他的"两种编辑"观一脉相承的。他认为其他一些表述没有明确区分"两种编辑"，研究编辑基本规律必须保持编辑概念的同一性。他始终注意区分作为传媒专业工作一部分的编辑和作为著作方式之一种的编辑，只是探讨前一种编辑活动的基本规律，而把后一种编辑活动放到作者范畴，研究它与带中介性的编辑活动的关系。它的表述从文字到内容都可以看到这点。无论人们对林穗芳的表述持何种看法，都应该承认这是一种学术创见，给研究者以启示，其立论、论据和逻辑是严

34

① 林穗芳. 编辑基本规律新探 [J]. 出版科学，2002（2）：7-11.

谨的。

≡ 2.4 对编辑史的研究

林穗芳对编辑史未作全面系统研究，一些论文探讨了中国和西方一些国家编辑活动的实例，并阐明了他对编辑史研究的见解。

2.4.1 编辑史是编辑学研究的组成部分

林穗芳认为，历史比较法是编辑学研究的一个十分重要、十分有用的方法。比较中外古今编辑模式的异同，有助于加深对编辑发展规律的了解。他赞成有些学者提出的三分法的见解，即将编辑学的知识结构分为编辑理论、编辑实务和编辑史三大块。这样划分主干突出，界限分明，便于写作和教学。他的许多文章贯穿着古今中外对比研究的内容，1998 年 6 月结集出版的《中外编辑出版研究》便是一本比较编辑学、出版学著作，其中许多文章如《书籍的词源和概念》《"杂志"和"期刊"的词源和概念》《"编辑"和"著作"概念及有关问题》《试论独立的编辑职业的形成》① 等，都体现了史论结合和历史与逻辑的统一。编辑史是编辑学研究的组成部分，现已成为业界和研究者的共识。

2.4.2 我国编辑活动的产生和古代编辑活动的特点

林穗芳认为，文字产生是文献产生的前提，文字资料有了一定积累，需要有人收集、整理、分类、编次，使之适合阅读，最初的编辑活动由此产生。施政和施教是促进编辑活动产生的两个重要因素。世界上的编辑活动以苏美尔和古埃及出现最早。我国书籍编辑

① 林穗芳 . 中外编辑出版研究 [M]. 武汉：华中师范大学出版社，1998.6.

活动的产生不早于西周，不晚于春秋时期。春秋时期奴隶社会陷于瓦解，"学在官府"变成"学在四方"，促进了编辑活动的产生和发展。

林穗芳指出，在出版业产生之前，编辑是成书方式之一种，除此之外，还有著述等成书方式，战国时期诸子书都属于著述。西汉末年出现出售手抄本的书肆，出版业开始形成。出版业产生以后，编辑活动分属著作和出版两个范畴，著作范畴的编辑活动属作者劳动，出版范畴的编辑活动具有中介性。早期的书肆规模不大，一般不会有专职编辑。宋代出现了一些终身以编刻他人之书为业的人，从事编辑出版近四十年的陈起就是其中一位杰出代表。还有明末汲古阁主人毛晋，三十多年中编印各类书籍几百种。但自宋至清以刻书为业者多是出版人兼编辑。编辑作为一种专业职务在古代尚不带连续性和普遍性。这是我国古代编辑活动的特点。

编辑工作形成一种独立的社会组织和社会职业同近代资本主义生产关系的确立相联系。形成过程从近代报刊开始，书籍专业编辑晚于报刊专业编辑。编辑工作在我国是鸦片战争以后和五四运动以前形成的一种独立的社会职业①。

2.4.3 编辑学和编辑史中的"编辑"概念应当保持一致

编辑学和编辑史都涉及编辑概念，编辑学和编辑史中的编辑概念应否保持一致，是学科建设的根本性问题。林穗芳认为，"编辑"一词虽然不晚于唐初就已经产生，但编辑概念古今不同，编辑学研究历史上的编辑活动，既然编辑史是编辑学科体系的一部分，编辑学和编辑史中的编辑概念就应当保持一致。这个研究方法适用于一切现代科学②。

---

① 阙道隆，徐柏容，林穗芳．书籍编辑学概论 [M]．沈阳：辽宁教育出版社，2004：70-101．
② 林穗芳．编辑学与编辑史中的"编辑"概念应当保持一致——兼论开展编辑模式历史比较研究的必要性 [J]．编辑学刊，1997（6）：6．

他认为，承认历史上存在"两种编辑"，这是编辑史研究的一个重大进展。他不赞成把古人称为著作的活动作为编辑史的一部分，如魏晋以降许多朝代都设有著作专官（著作郎），把他们从事的著述活动都作为编辑活动来研究，就成了著作史、书史而不是编辑史了。林穗芳指出："编辑史要同编辑学一样，以出版业和其他传播业中的编辑活动为研究对象，建立自己的理论体系，才能使人确信编辑有学。"[①] 早期出版业的编辑活动很幼稚，有关的历史资料很少，我们对古代出版机构的编辑活动仍然知之甚少，研究的任务就是努力发掘和收集史料，以加深对研究对象的了解。认识到什么程度就写到什么程度，不必急于求成，把无关的资料用来充数。

2.5 对林穗芳编辑理论研究的评析

林穗芳的编辑理论研究有如下特点。

2.5.1 研究内容的全面性

编辑理论研究内容包括基本概念、基本范畴、基本规律和编辑史等方面，林穗芳在这些根本问题上都提出了自己独到见解。他虽然没有写出系统的编辑学理论著作，但实际上他的研究已经构成基本的理论框架。

2.5.2 研究方法的严谨性

从探讨编辑概念入手，建立"两种编辑"观，依此明确划分相关概念的联系与区别，进而探讨编辑基本范畴、编辑基本规律和编辑史。其论点、论据逻辑严密，相互呼应，保持一致。

---

① 林穗芳．编辑学与编辑史中的"编辑"概念应当保持一致——兼论开展编辑模式历史比较研究的必要性［J］．编辑学刊，1997（6）：8.

2.5.3　研究态度的包容性

林穗芳坚持自己的学术观点，同时尊重他人的学术观点。他对阙道隆的《编辑学理论纲要》中的一些见解持保留态度，但从总体上充分肯定《纲要》"在研究的核心领域填补了空缺，因而具有里程碑的意义"①。关于编辑基本规律表述中"社会效益第一"的提法，他一面申述己见，一面表示还在探讨。这体现了实事求是的治学精神。

2.5.4　研究视野的开阔性

林穗芳具有深厚的汉语言修养和丰富的编辑实践经验，通晓多种外国语言，熟悉互联网搜索功能，因而能充分了解、掌握、利用古今中外有关编辑出版的信息及文献资料，进行纵向和横向对比研究，使得他的研究视野开阔，前瞻性强。二十多年前他就注意研究现代信息技术对编辑思维和编辑方式的影响。这也是他研究的一个显著优势。

2.5.5　研究论点的创新性

林穗芳对编辑理论各方面，例如编辑概念和书籍、图书、出版等相关概念，编辑学基本范畴，编辑基本规律，编辑史，都有自己的独特见解。这些见解建立在详细具体的论证基础上，并且相互联系，都源于一个基本观点——"两种编辑"观。

---

①　林穗芳. 对我国编辑学理论研究的重大贡献——喜读阙道隆《编辑学理论纲要》[J]. 出版科学，2001（4）：24-27.

3　林穗芳的编辑实务研究

林穗芳的研究是全面的，有编辑理论，有编辑实务。实务方面有编辑策划、编辑审稿、编辑加工等。他的实践也是多方面的，是编辑策划的高手，编辑审稿的能手，也是编辑加工的行家里手。他的编辑实务研究紧密联系实践又不停留在实践层面，而是通过实践进行理论描述和探讨。他的编辑研究带有鲜明的理论联系实际特征，既区别于纯理论的抽象论述，又区别于纯经验的泛泛之谈。以下对他的编辑实务研究一一加以评析。

3.1　编辑策划研究

编辑策划主要是选题策划，也包括编辑工作其他方面的策划。选题策划既是单个选题的策划，也包括一个项目、一定时期选题计划的策划。林穗芳的编辑策划研究既着眼整体，又把握重点，并注意讨论编辑策划的重要原则，以及与编辑审稿和编辑加工的关系。

3.1.1　选题策划是责任编辑的主要职责

3.1.1.1　责任编辑的词源及其职责

据林穗芳考证，"责任编辑"一词源自 20 世纪 50 年代从俄文引进。设立责任编辑和责任校对是列宁在 1920 年 12 月 11 日写给国家出版局的信中提出的要求，列宁要求"每一本书都毫无例外"①。当时责任编辑是"直接处理稿件的人"，其职责包括审稿、改稿，与作者联系，看校样等，选题组稿工作的责任则主要由总编辑和编辑室主任担任。苏联出版委员会 1967 年 8 月 31 日颁布的《书稿编辑出版规范条例》第七条规定："选题或作品列入出版计划时或进行编辑加工时需要指定编辑，从此时起该编辑即成为责任编辑。"② 这说明当时苏联的责任编辑职责不包括选题策划。

我国责任编辑一词最早出现于 1954 年 1 月修订公布的《关于图书版本记录的规定》："除著作者、编辑者、翻译者姓名外，需要时可以载明负责的校订者、责任编辑，优秀的装帧设计者、插图者及校对者的姓名。"③ 人民出版社 1955 年制订的《书稿审读办法》和《书稿加工办法》都涉及责任编辑的职责，但没有对选题策划提出要求。1959 年 9 月制订的《人民出版社书稿编辑和出版工作的基本规定》强调"选题计划是出版工作的基础"，说明把著译者选择好是保证书稿质量的一个关键，但是没有把选题策划与责任编辑的职责联系起来，到审读书稿时才指定责任编辑担任初审④。

以上情况说明，我国基本沿袭了苏联的做法，受苏联模式的影响，一般说来责任编辑对选题策划不如对书稿审读加工重视。林穗芳认为，这种现象不能说是合理的。1988 年发布的《出版社改革试行办法》实施以后，这种情况才有了改变。1989 年 7 月修订的《人民出版社编辑出版工作基本规定》明确把"提出选题"和"根

① 中共中央马克思恩格斯列宁斯大林著作编译局. 列宁全集（中文第二版第 50 卷）[M]. 北京：人民出版社，1988：46.

② 林穗芳. 中外编辑出版研究 [M]. 武汉：华中师范大学出版社，1998：94.

③ 林穗芳. 中外编辑出版研究 [M]. 武汉：华中师范大学出版社，1998：94.

④ 林穗芳. 中外编辑出版研究 [M]. 武汉：华中师范大学出版社，1998：94.

据已批准的选题组织著译"列为责任编辑的职责①。许多出版社实施由生产型向生产经营型转变，采取了一系列改革措施，如设立策划编辑和策划编辑室等。

3.1.1.2 选题策划是责任编辑的主要职责

　　早在俄国十月革命前列宁在《火星报》工作时就提出"选题是编辑工作的首要环节"，因为它决定出版工作的方向。克鲁普斯卡娅回忆列宁主持《火星报》时对选题十分重视，每一个主题的选择、配置和写什么内容列宁都要和编辑部成员详细讨论才定下来。列宁主张"选政治上重要的、为大众所注意的、涉及最迫切问题的主题"，每一期的选题计划都要以当前的迫切问题为依据。十月革命后，出书范围大大扩大了，但是选题是否有现实意义仍然是列宁决定取舍的一个重要标准②。

　　选题策划是编辑工作的首要环节，为何不是责任编辑的主要职责？林穗芳认为，"这与选题权高度集中，出版社选题计划报主管领导机关协调批准才能实施不无关系。"③ 苏联当时是如此，我国计划经济时期也是如此。事实上责任编辑仅仅负责审稿加工而不过问选题策划，使编辑长期处于"两耳不闻窗外事，一心只顾眼前书"的闭塞状况，难以扩大视野，关心全局，也不利于调动积极性。正是因为这样，林穗芳认为，"责任编辑是在图书编辑出版全过程中起主导作用并对图书的社会效益与经济效益负主要责任的编辑。在现代出版社，特别是在市场经济条件下，选题开发应当是责任编辑的主要职责。"④

---

　　① 林穗芳. 中外编辑出版研究 ［M］. 武汉：华中师范大学出版社，1998：95.

　　② 林穗芳. 列宁和编辑出版工作 ［M］. 北京：中国书籍出版社，1987：222.

　　③ 林穗芳. 中外编辑出版研究 ［M］. 武汉：华中师范大学出版社，1998：94.

　　④ 林穗芳. 中外编辑出版研究 ［M］. 武汉：华中师范大学出版社，1998：99.

3.1.1.3　注意编辑工作的整体性

在市场经济条件下，有人认为，责任编辑应当集中主要精力抓选题、跑市场，改变过去埋首案头的习惯。林穗芳指出这是把选题组稿同审读加工对立起来，同样不可取。他认为，市场经济条件下重视选题策划是进步，轻视审读加工则是退步①。选题策划与审读加工等都是编辑工作不可缺少的环节，编辑工作具有严密的整体性，各个环节相互依存、相辅相成，不能重审读加工轻选题策划，也不能重选题策划轻审读加工。

3.1.2　创新性是编辑策划的最高要求

3.1.2.1　著述劳动与编辑劳动的区别

林穗芳认为，编辑的概念是发展变化的，其发展趋势是把著述劳动和编辑劳动区别开来。在出版业产生以前，著述劳动与编辑劳动结合在一起。出版业产生以后，作为成书方式之一种的"编辑"是编辑作品的作者，是著作权人之一种，享有著作权。从事出版专业工作的人称出版社编辑，包括责任编辑，对作者稿件虽然进行了策划和审读加工，但不享有著作权。前一种属于著述活动的范围，后一种属于编辑活动的范围。两种劳动要加以区别。

据林穗芳考察，我国早期的书籍编辑活动在西周后期周宣王时代到春秋末期孔子时代（前 9 世纪—前 5 世纪）已初具规模。我国最早的一批书籍多是利用各种历史资料"编成"的作品，而不是用纯著述或创作的方式"撰成"的著作。近代编辑工作作为一种独立的社会职业与近代资本主义生产关系的确立有关。我国近代第一个担任专职图书编辑、第一个创办民营出版社的是王韬（1828—1897）。1849 年，王韬受雇于英国传教士麦都思主办的墨海书馆，从事图书编辑和译文加工工作 13 年。1873 年在香港集资

---

① 转引自程绍沛．编辑笔述 [M]．北京：中国青年出版社，2013：83.

创办了中国民办第一家近代出版社——中华印务总局，既出书又出报。1985 年在上海开设弢园书局。王韬先后主持出版了不少介绍西方科学文化知识和宣传变法自强的书，尤以黄遵宪的《日本杂事诗》和郑观应的《盛世危言》一印再印，深受读者欢迎。对这些书籍的选择表现出王韬作为编辑家的远见卓识①。

3.1.2.2 编辑劳动的创造性

编辑劳动虽然不像著述劳动具有著作权，但是编辑是文化创造的参与者，编辑劳动同样具有创造性。编辑劳动的创造性贯穿作品编辑出版的全过程。林穗芳曾动情地说："在作品从写出的初稿到成书的过程中，编辑付出了多少创造性劳动，除了编辑自己以外就只有作者知道了。因为书上即使印上责任编辑的名字，读者也无法把编辑劳动同作者劳动区分开来。"他引述作家蒋子龙的话："编辑把自己的心血藏在别人的成绩里，因此，把作家和编辑分开的奖励都会使作家的内心深处感到惭愧和不安。"② 这番话正好从作者的角度说明了编辑劳动的潜隐性。

编辑劳动创造性的特点正在于这种潜隐性。编辑劳动和作者劳动是一种对立依存的关系，既相互区别又相互依存。在现代条件下，作者劳动只有经由编辑劳动才能增值和得到社会承认；编辑劳动只有依附和凭借作者劳动才能充分体现，离开作者劳动便没有编辑劳动。两者难以区分又必须区分，这就是为什么要大声疾呼社会尊重长期为人作嫁的编辑劳动，以及编辑要认清自身劳动价值甘为人梯的原因。

---

① 《书籍编辑学概论》一书共有 18 章，阙道隆、徐柏容、林穗芳各编写了 6 章。其中，林穗芳负责编写《书籍》《编辑工作》《审稿与选择》《编辑加工》《发稿、校对和样书检查》和《书籍编辑工作现代化展望》。论文注释均引自林穗芳所编写的 6 章的内容。阙道隆，徐柏容，林穗芳. 书籍编辑学概论［M］. 沈阳：辽海出版社，2004：90.

② 阙道隆，徐柏容，林穗芳. 书籍编辑学概论［M］. 沈阳：辽海出版社，2004：94.

3.1.2.3 编辑策划要努力创新

编辑劳动之所以对作者劳动具有重要意义在于编辑劳动的创新。创新体现于编辑全过程，编辑策划尤其要注意创新，这不仅因为策划是编辑工作的首要环节，是责任编辑的主要职责，而且因为创新是编辑策划的最高要求，没有创新性的策划不称其为策划。任何一种出版物都必须具有独创性才能传之久远，因此任何一种独创性出版物的编辑策划必然是创新的。

林穗芳认为："继承古代文化遗产可以通过编辑构思来创新，大量出版现代新作品更需要依靠编辑构思。"他指出："编辑构思首先体现于选题的具体设计和出版物的总体设计之中。这些设计属于编辑创作，除了反映社会需要外，还带有编辑的风格，任何人都不能越俎代庖，正如一部作品任何人都不能代替作者去创作一样。"他还认为，"一部作品的写作方案往往是作者和编辑共同构思的产物，有时编辑构思的成分可能大于作者构思的成分。"① 这里不仅说明了编辑策划创新的重要性，而且指出了编辑构思和作者构思的区别，编辑策划创新之处就在于选题的具体设计和出版物的总体设计之中。

3.1.3 选择性是编辑策划的基本特征

3.1.3.1 编辑工作的基本特征是选择

林穗芳认为，选择和加工都是编辑工作的基本特征②，而选择是加工的前提。编辑策划要选择，从浩如烟海的信息中选择，从文化遗产和当代作品中选择，从众多的作者中选择。审稿也是一种选

① 阙道隆，徐柏容，林穗芳．书籍编辑学概论［M］．沈阳：辽海出版社，2004：93-94.

② 阙道隆，徐柏容，林穗芳．书籍编辑学概论［M］．沈阳：辽海出版社，2004：93.

择，从综合比较中选择，从分析判断中选择。加工也离不开选择，选择好的材料，选择好的表达方式。作者在著述活动中也要选择，编辑则是在作者选择基础上选择。从大的意义上说，编辑选择是一种文化传播和文化建设上的选择，是代表社会和读者对文化产品的选择。编辑工作的重大社会责任也在于此。

3.1.3.2 《林肯传》中译本的编辑选择

林穗芳在回忆他策划和编审、加工《林肯传》中译本的编辑工作时说过这样一段话："决定图书质量的首先是选择，对编译书选题来说尤其如此。这部传记的选择工作表现在选人、选书、选材三个方面。"① 这本书的出版说明了选择对于编辑策划的重大作用。

最初的译稿只有 8 万多字，版本太老，内容单薄，需要另选一本。这时正值美国总统尼克松访华，开始了中断多年的中美关系正常化的进程，翻译出版林肯传记无疑是合乎时宜的。然而有关林肯的书籍当时统计不下 5000 种，选择哪一本颇费思量。林穗芳从各种译著中加以比较，选择了桑德堡写的一种。可是这本林肯传记有 6 卷 300 多万字，缩编本也有达几十万字，林穗芳的想法最好是四五十万字。于是书选定后又出现了选材问题。

林穗芳决定对缩编本进行节选。取舍不仅是单纯的压缩篇幅，还要考虑内容连贯，避免断章取义。为了突出当时美国南北两种制度的斗争，以及林肯在斗争中的表现，林穗芳又从 6 卷本中选译了几十处必要的补充材料。

考虑到原作者受水平限制，新译本工作量大，于是成立了一个专门小组进行节选。在选人、选书、选材基础上林穗芳又做了大量的编辑加工工作。此书出版后受到社会好评和读者欢迎。1991 年，林穗芳写有专文，回顾此书的编辑策划和加工工作②。

---

① 林穗芳. 中外编辑出版研究 [M]. 武汉：华中师范大学出版社，1998：143.
② 林穗芳. 中外编辑出版研究 [M]. 武汉：华中师范大学出版社，1998：143-152.

3.1.3.3 编辑策划要好中选好、新中选优

《林肯传》中译本的编辑工作说明，选择是决定图书质量的重要因素，编辑策划不仅要创新，还要好中选好，新中选优。选择是编辑的一项基本功，它是编辑素质和学识修养的综合表现，还要做认真细致的调查研究工作，不是仅靠苦思冥想或跟风炒作就能成功的。

编辑策划之所以要选优，还因为编辑策划是编辑工作的首要环节，这一环节工作的优劣与否关系下一环节乃至整个编辑工作的成败。策划不只是一个题目，它是一个具体设计和总体设计，是一个施工的蓝图，方方面面都要考虑周详。编辑策划又好比是一个科研方案，科研方案优化了，科研成果就有保证。林穗芳总结《林肯传》中译本编辑工作经验时就说过这样一句话："如果要概括地说明本书编辑工作的特点的话，那就是翻译、编辑和研究相结合。这确实有助于提高翻译读物的质量。"① 把编辑策划当作研究工作来做，这是我们必须记取的经验之谈。

3.1.4 倾向性是编辑策划的重要原则

3.1.4.1 倾向性是中外编辑活动的共性

林穗芳指出："编辑活动具有倾向性，这是在任何时候和任何时代都存在的现象。编辑总是在一定思想观点指导下进行工作的，按照一定的出版方针制定选题规划、决定稿件的取舍，这就是倾向性。"② 倾向性也就是导向性，它是与创新和选择优化相联系的，有创新和选择优化就有倾向性。编辑活动是一种社会文化活动，也

---

① 林穗芳. 中外编辑出版研究 [M]. 武汉：华中师范大学出版社，1998：152.

② 阙道隆，徐柏容，林穗芳. 书籍编辑学概论 [M]. 沈阳：辽海出版社，2004：94.

是一种意识形态活动，它不可能不受到一定社会价值观的制约。在这方面西方资本主义表现得特别顽强和自信。美国宣扬自由、民主和人权等是纯客观的价值观，用它来作为衡量是非曲直和敌我的标准，实际上是用双重标准掩饰其维护资本主义制度的险恶用心。与西方资本主义相反，我们公开声明宣传舆论的倾向性，我们的出版物都必须宣传和维护社会主义核心价值观，并揭露资本主义核心价值观的虚伪性和欺骗性。

在编辑策划和编辑活动中坚持倾向性是一个需要认真注意的问题。"优先出什么书，多出什么书和不出什么书，对人们思想和行为以及社会舆论具有导向作用。""在社会变革或动乱时期，编辑活动的导向功能显得尤为突出。"① 编辑活动倾向性不等同于编辑个人倾向性，但是编辑个人倾向性对实现编辑活动倾向性有重大影响，当编辑个人倾向性与编辑活动倾向性发生矛盾时，编辑个人倾向性要服从编辑活动倾向性。这应是一条原则。

3.1.4.2　编辑策划要以马克思主义为指导，努力贯彻出版方针

在我国，编辑活动包括编辑策划要以马克思主义为指导，坚持出版为人民服务、为社会主义服务的方向，认真贯彻"百花齐放、百家争鸣"和"古为今用、洋为中用"的方针。这也就是编辑活动的倾向性。没有马克思主义的指引，编辑策划会失去动力，迷失方向。不坚持出版方针，"编辑活动没有特定的编辑方针，就不可能形成自己的特色，没有特色也就没有专长，难以在激烈的市场竞争中取胜"②。

3.1.4.3　编辑策划要在坚持社会效益的前提下努力实现"两个效益"的结合

在市场经济条件下，经过转企改制，我国绝大多数出版社都已

① 阙道隆，徐柏容，林穗芳. 书籍编辑学概论 [M]. 沈阳：辽海出版社，2004：96.
② 阙道隆，徐柏容，林穗芳. 书籍编辑学概论 [M]. 沈阳：辽海出版社，2004：95.

转为自主经营的企业，成为营利性出版社，是坚持社会效益为主还是以经济效益为主，成为编辑策划的两难选择。

林穗芳分析了出版物作为商品与普通商品不同之处，首先在于使用价值不同。前者的使用价值即思想内容不会同普通商品一样因使用而消耗掉。其次是确定社会必要劳动量难易不同。生产精神产品比生产物质产品所需劳动量较难计算和测定。再次是生产目的不完全相同。普通商品完全为交换而生产，出版物不完全为交换而生产。最后是"两个效益"的关系不同。在保证质量前提下，普通商品所实现的经济效益和社会效益是一致的，而出版物的"两个效益"往往会出现背离的情况。因此，林穗芳认为，"在两者不可能兼顾时，社会主义国家的编辑出版工作者要使经济效益服从社会效益"①。

实际工作中往往会出现片面追求经济效益的情况，怎样看待这个问题？林穗芳在一篇《诺贝尔文学奖的启示》中谈了自己的看法，认为在坚持社会效益的前提下，"两个效益"的结合是可能的。他举美国克诺普夫出版公司为例。1993 年诺贝尔文学奖为非洲裔美国作家托尼·莫里森（Toni Morrison）获得。她共写了六本小说，除第一本外均为纽约克诺普夫公司出版，她是这家公司的第 18 位获得诺贝尔文学奖的作者，18 人约占 1901 年至 1993 年世界诺贝尔文学奖获得者全部人数的 1/5。这件事可以说是一个奇迹。克诺普夫公司没有片面追求经济效益却获得了重大的社会效益和商业回报。对此林穗芳的启示是"克诺普夫公司的历史经验为出版界提供了一个在市场经济条件下社会效益和经济效益能很好结合的范例"②。

---

① 阙道隆，徐柏容，林穗芳．书籍编辑学概论［M］．沈阳：辽海出版社，2004：98.

② 林穗芳．中外编辑出版研究［M］．武汉：华中师范大学出版社，1998：101-102.

3.1.5 编辑策划个案——《关于编纂历时性汉语新词典的设想》

2004 年，林穗芳写了一篇近六万字的长文《关于编纂历时性汉语新词典的设想》（以下简称《设想》），发表于《出版科学》2004 年第 1、2、3 期。它实际上是一个详尽的编辑策划方案，发表后引起很大反响。这个策划方案充分体现了创新性、选择性、倾向性的要求，是编辑策划的范例，是林穗芳见识超群、学识渊博、学风严谨、功力深厚的见证。以下作必要介绍。

3.1.5.1 《设想》的由来

《设想》提出辞书依时限可分为共时性和历时性两种。共时性词典为断代词典，《现代汉语词典》基本上属于共时性词典。历时性词典又称历史性词典，如《汉语大词典》《辞源》。《牛津英语大词典》也是一部历时性大词典，不仅分量重，而且起导航的作用。同《牛津英语大词典》相比，《汉语大词典》在收字范围、字形和字体、注音、选词立目、词源、释义和例证、年代标示方面都存在不小差距。

林穗芳在分析我国现有辞书出版的状况后，认为我国辞书出版虽然成绩很大，但整体质量不高，重复很多，原因在于没有一部像《牛津英语大词典》这样的领航词典，为此建议编纂一部历时性汉语新词典。他说了这样一段话：

"编一部历时性词典，给收入词典的所有的词（立目词）及其形音义的演变提供始见以来的书证并标明年代，是一个整体解决办法。……可以说编出这样一部历时性汉语词典，将为编纂各种类型高质量的汉语词典奠定更坚实的科学基础。整个中华民族几千年的文明史将以词语历史的形式浓缩到一部词典当中，读者可以查到某一个年代有多少新词语、新事物、新概念在神州大地产生，中华民族的文化在某个年代处于什么样的

49

发展水平，这是多么迷人的前景啊!"①

这部词典的编纂出版无疑将使我国辞书出版赶上发达国家，出现划时代的进展，其创新性是十分鲜明的。

3.1.5.2 《设想》的内容

《设想》提出这部新词典的内容包括以下五方面②。

（1）选条的范围。选字以形、音、义有书证可引的为限。收词要有书证，要体现"源流并重"的原则，不能偏重于古词典，不能忽略常用的新词语。

（2）字形的选择。字头用楷书，并选择有代表性的甲骨文、金文、战国古文（秦国大篆、六国文）、小篆、隶书、草书、行书、俗体字等，必要时附字形解说，在字形后注明例证的出处，标示年代。

（3）注音的设想。分段注：上古音、中古音、近古音、现代音。现代音除注普通话标准音外，加注主要方言读音，以及朝、越、日语的汉字读音。普通话注汉语拼音，其余均注国际音标。

（4）词源的探溯。所有主条目都设词源栏，固有词、外来词都说明来源。

（5）释义的要求。选条考虑篇幅，可以斟酌取舍，条目既已入选，义项务求完备。义项依书证按历史原则排序。词有多种词性，依书证按词性排序。

3.1.5.3 《设想》的特点

林穗芳的《设想》发表后，黄鸿森以《宏伟的构想 缜密的蓝

---

① 林穗芳. 关于编纂历时性汉语新词典的设想——基于中外一些语文词典的比较借鉴（下）[J]. 出版科学，2004（3）：11.

② 林穗芳. 关于编纂历时性汉语新词典的设想——基于中外一些语文词典的比较借鉴（上）（中）（下）[J]. 出版科学，2004（1）（2）（3）：11-20；7-16；6-16.

图》为题谈了读后感。黄文指出《设想》有三个特点①。

一是立足书证，也就是立足语料。要求无一字形、无一字音、无一词义无来历，一切仰仗于书证。

二是重视变迁。希望做到每个条目成为字词的传记。

三是视野宽广。如要选取港澳台用字、中、日、韩统一汉字字符等，都显示出敞阔的思路和开阔的眼界。

3.1.5.4 《设想》实现的可能性

《设想》发表后收到许多来信，有的是表示赞成支持；有的认为"这样的工程太重要，太迫切了……必须尽快动工"②；有的提出补充建议，认为关键是建立一个汉语语源数据库③；也有人担心难度太大实现不了。林穗芳在《书籍编辑学概论》2004 年版第十八章《书籍编辑工作现代化展望》中谈到了实现《设想》的诸多有利条件，特别是指出各种数字数据库的建立，"在技术上已没有什么不可克服的困难"。"《牛津英语大词典》收词的时间只有八百多年，历时性的汉语词典的时间跨度则为三千多年，编辑的难度自然要大得多，但我们现在已有计算机和电子数据库等现代信息技术的辅助，如果列入国家重点图书出版规划，将不需要像编纂出版《牛津英语大词典》第 1 版那样用长达 70 年（1858—1928）的时间"④。

《设想》高瞻远瞩，视野宽广，内容全面具体周详，作为个人建议是很难能可贵的。近年《汉语大词典》修订工作已经启动，相信《设想》对修订工作会有很大的启示作用。

---

① 黄鸿森. 宏伟的构想 缜密的蓝图 [J]. 出版科学，2004（5）：22.

② 阮绍光. 越南友人阮绍光给林穗芳的信 [J]. 出版科学，2004（5）：23.

③ 黄河清. 应该建立一个近现代汉语电子文献库 [J]. 出版科学，2004（4）：24.

④ 阙道隆，徐柏容，林穗芳. 书籍编辑概论 [M]. 沈阳：辽海出版社，2004：485.

3.2 编辑审稿研究

林穗芳在编辑策划研究基础上，对编辑审稿进行了系统研究。在各方面的编辑研究中，他的审稿研究是着力最多的。他研究了编辑审稿的重要意义，审稿在编辑工作中的地位，审稿主要任务，审稿制度，审稿步骤和方法。同时在理论和实践上论述了审稿同选题策划、审稿同编辑加工的关系，既说明它们之间的联系，又说明它们之间的区别。

3.2.1 审稿是编辑工作的中心环节

审稿上承选题组稿下接编辑加工，处于编辑工作的中心地位。科学地描述整个编辑过程，说明每个环节在过程中的地位及其相互关系，是编辑研究的重要任务。选题策划是编辑工作的首要环节，中心环节是什么？有人说审稿是中心环节，有人说审稿和加工是中心环节。林穗芳指出，"编辑工作只能有一个中心环节，审稿和加工是两个不同的环节，不可能都成为中心。"他认为，审稿承上启下，是编辑工作的中心环节①。

3.2.1.1 选题和审稿

选题策划是编辑工作的首要环节，是说明选题和制订选题的依据信息是编辑工作的起点，是一个重要环节，但不是中心环节。从时间上说，在编辑工作各个环节中居首位的是选题策划而不是审读和选择稿件，就重要性来说，审查和选择稿件就是编辑部的首要责

---

① 林穗芳．中外编辑出版研究［M］．武汉：华中师范大学出版社，1998：8.

任了①。林穗芳认为，选题策划即使是最好的策划，也只是一种意向和预测，决定意向和预测能否实现是在审稿阶段②。在选题组稿阶段要对题目和作者作出选择，在审稿阶段则要对稿件作出选择。对于约写稿件既要审查内容质量是否达到原定的要求，还要审查选题是否适当。如果出现选题有严重失误而又无法补救，或客观情况发生了变化，使稿件失去出版价值，就得撤销选题。从这个意义上说，选题策划要服从审稿，而不能是审稿服从选题。林穗芳说："审稿要服从选题，这种做法是违反编辑工作规律的；如果变成了常规，最后必然导致书籍质量全面下降和出版社的衰败。"③ 他又说："选题组稿的失误在审稿阶段还可以补救；审稿的失误，即选择不当，让坏作品获得通过，好作品被埋没，这是编辑工作的最大失误。"④

3.2.1.2 审稿和编辑加工

编辑加工是保证书稿质量的重要环节，但不是主要关键，主要关键在审稿。审稿把关不严，让平庸之作获得通过，编辑加工费力再多，也难以使它成为佳作。林穗芳说："认为编辑的主要任务是改稿这种传统观念已不符合时代要求，恐怕需要抛弃了。"⑤ 他认为，无论是思想内容或文字规格，凡是应当由作者解决的问题都应由作者解决，只是确信作者尽了最大努力进行修改之后，才可以由编辑进行加工整理，目前许多书稿加工占去编辑大部分时间，不能

---

① 林穗芳. 论策划编辑制及有关问题 [J]. 河南大学学报，2004（1）：144.

② 阙道隆，徐柏容，林穗芳. 书籍编辑学概论 [M]. 沈阳：辽海出版社，2004：315.

③ 阙道隆，徐柏容，林穗芳. 书籍编辑学概论 [M]. 沈阳：辽海出版社，2004：315-316.

④ 阙道隆，徐柏容，林穗芳. 书籍编辑学概论 [M]. 沈阳：辽海出版社，2004：316.

⑤ 林穗芳. 中外编辑出版研究 [M]. 武汉：华中师范大学出版社，1998：8.

认为是合理的现象。如果在理论上承认审稿是编辑工作的中心环节，在实践中就应当在保证质量的前提下尽量减轻编辑加工的负担，把更多的精力和时间用于把好审稿关①。这里同样是强调编辑加工要服从审稿而不是相反。

3.2.1.3　决定书稿质量的主要关键在审稿

选题策划和编辑加工对书稿质量都起着很重要的作用，之所以说决定书稿质量的主要关键在审稿，是因为决定书稿命运即采用不采用的是审稿，不在选题或加工阶段。不是所有的书稿都经过编辑过程各道工序，自动投来的稿件在原定选题计划之外，不采用的稿件无须加工，但所有稿件都要经过审稿才能确定如何处理。正是基于这点，审稿才成为编辑工作的中心环节。

3.2.2　审稿的主要任务是对稿件作出准确全面评价，决定取舍

林穗芳认为，"编辑审稿的主要任务是：对稿件作出准确全面的评价，从而决定取舍。"② 准确全面评价是前提，决定取舍是目的，只有在准确全面评价的基础上，才能做出正确的取舍决定。

3.2.2.1　准确全面评价

评价是编辑工作的实质，也是审稿的核心问题。选题策划是对传播知识的价值作出评价，组稿是对作者的专业水平作出评价，审稿是对稿件质量作出评价，编辑加工是在审稿评价基础上对稿件的具体质量作出评价③。评价是编辑研究的重点。评价要全面，不能

54

①　林穗芳．中外编辑出版研究［M］．武汉：华中师范大学出版社，1998：9.

②　阙道隆，徐柏容，林穗芳．书籍编辑学概论［M］．沈阳：辽海出版社，2004：313.

③　林穗芳．中外编辑出版研究［M］．武汉：华中师范大学出版社，1998：9.

片面，要既看优点，又看缺点；要准确，不能面面俱到，主要优缺点不分。全面准确才有助于决断，有助于作者进一步提高作品质量。

评价做到准确全面，关键是掌握评价标准。林穗芳认为，独创性、思想性、科学性、稳定性和可读性是评价书稿质量的共同标准①。

独创性指作品有与众不同的新见解、新材料，超越前人的新发展、新贡献。以独特的形式再现人类已有的认识成果，也是一种独创性，如科普读物等。

思想性方面的要求是坚持正确的政治方向，努力提高思想品位和文化品位，宣传党的指导思想和核心价值观，宣传爱国主义、集体主义和社会主义。

科学性指观点正确、材料准确、逻辑严密、结构完善、体例一致等。文学艺术作品的真实性也是科学性的原则之一。

稳定性指书籍内容要求比较稳定，可供读者长期使用。要考虑书籍的生命力，考虑文化积累价值。

可读性指要适合阅读，对读者有吸引力和感染力，语言文字要符合规范化要求等。

评价标准是评价作品质量本身的标准，至于经济效益方面的要求不是评价的内容。

3.2.2.2 正确决定取舍

从准确全面评价到决定取舍，有一个决断的过程。决定取舍要考虑多方面的因素，包括坚持社会效益为主的前提下社会效益和经济效益的结合等，但是不能以"一切向钱看"为主导。一些出版社把经济指标分解承包到编辑个人影响到稿件的正确取舍。林穗芳针对每一种书都要赔钱才出的认识和做法提出："这是思想上的一个误区。即使是西方的营利性出版社也不都是以这种思想来指导经

---

① 阙道隆，徐柏容，林穗芳. 书籍编辑学概论［M］. 沈阳：辽海出版社，2004：327-329.

营的。"①

　　对书稿的决定取舍，还包括对书稿提出正确的处理意见，即对不采用的稿件提出妥善的退稿意见，对采用的稿件提出进一步提高质量的意见。

　　稿件不能采用向作者说明原因是很重要又很困难的工作。要说服作者，关键是判断要准确，能拿出令人信服的理由。同时要态度公正，说理充分，语气委婉，才能使退稿工作顺利进行②。

　　至于采用的稿件还要做更多的工作。不需要作任何修改即可采用的稿件是很少见的，大多数都要作不同程度的修改，这就要具体提出意见并同作者商量。修改意见是为消除稿件缺陷，使其适于出版和阅读而提出来的。要注意思想内容方面的大问题如观点的表述、结构的调整、章节的增删、材料的核实。对于用字、引文和注释格式的统一等技术规格问题也要提出。修改意见要考虑周密，一次提完，避免反复退改③。

3.2.2.3　发现人才

　　审稿的任务不只是发现和采用优秀稿件，同时要发现优秀作者，扩大作者队伍。编辑是作者和读者的桥梁，通过编辑出版优秀作品来为作者和读者服务。编辑要谨慎从事的是发现好作品，发现新人才，而不要埋没好作品，埋没人才。中外古今出版史上都有许许多多出书育人的事例。林穗芳在他写的一篇文章《诺贝尔文学奖的启示》中就谈到美国兰登书屋的老一辈名编辑萨克斯·康明斯发现人才、培养作者的故事。康明斯的作者队伍中有三人先后获诺贝尔文学奖。他组织的许多书稿都是同作者"逐行讨论"、作了仔细修改后才出版的。康明斯强调编辑要把目光看得远些，"为创

---

　　① 阙道隆，徐柏容，林穗芳．书籍编辑学概论［M］．沈阳：辽海出版社，2004：329-330.

　　② 阙道隆，徐柏容，林穗芳．书籍编辑学概论［M］．沈阳：辽海出版社，2004：334.

　　③ 阙道隆，徐柏容，林穗芳．书籍编辑学概论［M］．沈阳：辽海出版社，2004：333.

造只有后代才会明白的未来作出自己哪怕是很微小的贡献"①。

3.2.3　审稿要用制度约束

编辑对稿件的评价和判断与报刊的图书评论不同，报刊评论高一点低一点，甚至全盘否定，是仁者见仁、智者见智的事，影响都不大。编辑判断是在出版社内部进行的，是决定稿件取舍的大事，如果失误难以纠正，因此编辑行使权力要十分慎重，并且要依靠一定的制度来制约。

3.2.3.1　列宁的见解

林穗芳引述列宁的意见。列宁要求每个编辑都应当非常称职，能够独立负责，对每一个问题都有自己的见解而又不自以为是，能虚心听取别人的意见。列宁反复强调，编辑工作必须依靠集体力量和集体智慧才能做好。他主持的编辑部没有一篇文章不经过集体审议就发稿。俄国十月革命后，他又提出在出版工作中建立个人责任制，要求每一种书都有一个责任编辑②。这可以说是社会主义的责任编辑制和多级审稿制的结合。本着同样的精神，我国《出版社工作暂行条例》在重申三级审稿制的同时，强调"在编辑工作中要发扬民主，鼓励编辑人员独立思考，敢于发表不同意见，同时应有高度的组织性和纪律性，加强请示报告制度"。

3.2.3.2　三级审稿制度

我国三级审稿制度是责任编辑制和多级审稿制相结合的产物，是在审稿中充分发挥民主、贯彻民主集中制的体现。林穗芳指出："三级审稿制度是社会主义国家的出版社依靠分级负责与集体智慧

57

① 林穗芳．中外编辑出版研究［M］．武汉：华中师范大学出版社，1998：101.
② 阙道隆，徐柏容，林穗芳．书籍编辑学概论［M］．沈阳：辽海出版社，2004：319.

来保证出版物质量的一项基本工作制度，其本质特点在于个人对党、对人民、对社会主义事业负责与集体研究相结合——这是列宁倡导并身体力行的编辑工作的根本原则。"①

三审制强调责任编辑的初审是基础，必须逐字逐句地认真审读全稿，丝毫不能粗心大意。基础打扎实了，复审、终审才能顺利稳妥地进行。初审马虎草率，不能恪尽职守，把应该做的工作做好，就势必影响复审、终审工作。林穗芳指出，室主任和总编辑审稿的时间平均可能只有责任编辑初审的几分之一甚至几十分之一，初审没有理由不把初审工作切实做好②。三审制能否贯彻落实，初审工作是关键。

复审之所以必要，是因为复审要从更高的角度审视稿件。复审不可能像初审那样详尽审读稿件，但要认真审查初审意见是否中肯、周全、可行，对稿件质量作出总的评价，并处理初审未能解决的问题。复审既是初审的补充提升，又是对初审的监督，如果初审工作不符合要求，可退回初审重审。

终审的任务是在充分了解初、复审意见和稿件内容基础上，从全书和全局的角度考虑稿件是否可以采用，就此作出最后决定，并提出明确的处理意见。如果稿件涉及需要向国家有关部门报备的重大选题，或初、复审意见不一致的，终审需通读稿件，必要时请更多的人审读，再对稿件采用与否作出决定。对重大问题没有把握的应向上级主管机关请示。总之，终审应从宏观上把住思想政治关和质量关。

经验证明，三审制是保证审稿任务完成的重要措施，目前存在的问题是三审制往往流于形式，用于审稿的时间太少，把关不严，不少稿件未经认真贯彻三审制便决定采用，匆忙发稿，甚至有人借口工作量大，否定三审制，这是导致编校质量严重滑坡的重要原

① 阙道隆，徐柏容，林穗芳．书籍编辑学概论［M］．沈阳：辽海出版社，2004：319.

② 阙道隆，徐柏容，林穗芳．书籍编辑学概论［M］．沈阳：辽海出版社，2004：320.

因。林穗芳指出："总之，三审制必须坚持，并针对在执行过程中出现的问题不断加以完善，以确保图书的编辑出版质量。"①

3.2.3.3　社外审稿制度

林穗芳认为，外审不仅是补充社内审稿力量不足的有效措施，同时是三级审稿制的延伸，也是一项审稿制度②。无论什么时候，社内审稿力量及其学识水平总是难以适应不断增长的审稿要求。《出版社工作暂行条例》规定："出版社可以根据需要，聘请社外的专家担任顾问或特约编审，或某些书籍的编委会成员，依靠他们编审部分书稿或解决审稿工作中的疑难问题。"一些发达国家的出版社对外审制度有严格的规定，例如学术著作如果没有得到社外两个以上不同单位专家的认可，责任编辑不能提请批准采用。我国有些出版社对学术著作实行双向匿名评审的办法，这是值得提倡的。然而有些单位对外审制度重视不够，视为可有可无，对一些自身力量难以审读的稿件，或者不予采用，或者草率发稿，造成质量事故。

3.2.4　审稿的步骤和方法

3.2.4.1　审稿步骤

林穗芳依据自己的经验，把审稿分为以下几步③。

首先是了解稿件情况。初审有时不是自己组来的稿件，就要了解稿件的来龙去脉及作者情况。如是社外专家审稿，要了解专家的意见。

---

① 阙道隆，徐柏容，林穗芳. 书籍编辑学概论 [M]. 沈阳：辽海出版社，2004：322.

② 阙道隆，徐柏容，林穗芳. 书籍编辑学概论 [M]. 沈阳：辽海出版社，2004：322.

③ 阙道隆，徐柏容，林穗芳. 书籍编辑学概论 [M]. 沈阳：辽海出版社，2004：324.

其次对书稿进行粗略的阅读。目的在于弄清书稿的大致内容，对书稿总体水平作出初步判断。在初读过程中感觉有问题需要研究的地方要作笔记和用铅笔在书稿上作标注。

再次是评价性阅读。评价性阅读不同于一般的阅读，不仅要逐字逐句一读到底，而且要从评价的角度反复进行研究，分析优点缺点，直到得出结论为止。

最后将审读的情况和自己的意见写成审读报告①。审读报告要交代书稿的基本情况，例如作者介绍、书稿篇幅和字数等，最主要的是要写好评价性意见，包括主要内容、特点和优缺点，与同类著作比有无创新提高等，并提出处理意见。处理意见一是符合出版要求可以采用；二是基本符合出版要求，需修改采用；三是不拟采用。对于以上三种情况，都要提出理由，需修改的要提出具体修改意见，不拟采用的要提出退稿理由和处理办法。

3.2.4.2 审稿方法

林穗芳认为，"比较、分析、综合是评价书稿所采用的基本方法，这些方法既有区别，又不可分割，常常是交错在一起进行的，最后把比较、分析、综合的成果加以归纳，作出基本评价。"②

比较。有比较才有鉴别。比较是编辑审稿所使用的一种主要方法。比较就是在阅读过程中把稿件内容与自己积累的知识作比较，与已出版的同类书和工具书的观点作比较，与稿件本身前后内容作比较，从差异中鉴别正误、真伪、优劣、高低、新旧。通过比较找出矛盾是发现书稿差错的重要方法。一些重复出现的日期、数字和事实，前后说法不一致，其中就可能有错误。从所引参考文献和注释中核查，既可以发现引文是否有错，也可以发现观点是否有误。

分析。分析是辩证地分析，即对作品的内容不是孤立地考察，

---

① 阙道隆，徐柏容，林穗芳．书籍编辑学概论［M］．沈阳：辽海出版社，2004：332.

② 阙道隆，徐柏容，林穗芳．书籍编辑学概论［M］．沈阳：辽海出版社，2004：326.

而是把它看成是整体的一部分。审读要注意各部分的联系，主题思想的发展脉络，内容的主次关系，叙述的连贯性。同时注意说理是否充分，论据是否可靠，结论是否正确和有说服力，思想表达是否清楚，体例规格是否一致。

在比较、分析的基础上综合思考。林穗芳说："综合思考最能反映编辑工作的特点和编辑水平。""对同一部书稿，不同的编辑所作的基本评价或所提的处理意见往往大相径庭。问题就出在综合思考、把握全局的水平不同。"① 他认为，编辑除了对稿件的政治、科学、艺术、文字、篇章结构等内在因素进行综合思考，除概括它的主要优缺点外，还要考虑影响本书出版的外在社会因素，如对时代潮流、政治环境、出版方针等进行综合思考，这样才能得出得当的结论②。

以上是审稿一般的基本方法，审稿方法要适应稿件的性质和内容，实际上每部书稿的审稿方法不会是完全一样的。学术著作与文艺作品审稿方法不尽相同。审查翻译稿要采取对读和通读相结合的办法，译稿的审查既要审查原著的内容，又要审查翻译稿的质量。但是，作为思想方法，比较、分析和综合思考是各类稿件通用的基本审稿方法。

3.2.5 审稿个案——对《中国文化西传欧洲史》译稿的复审

林穗芳复审的稿件难以尽数，这里介绍一个个案，从对《中国文化西传欧洲史》的复审，可以看出林穗芳丰富的审稿实践。

这是 1992 年 1 月的一次复审，来稿经责任编辑初审，认为基本可用。林穗芳复审时对照原稿审读了译稿第 1 卷 20—31 页和

---

① 阙道隆，徐柏容，林穗芳．书籍编辑学概论［M］．沈阳：辽海出版社，2004：325-326.

② 阙道隆，徐柏容，林穗芳．书籍编辑学概论［M］．沈阳：辽海出版社，2004：326.

63—70 页，第 2 卷 834—896 页，其他地方翻阅了某些段落，发现译稿质量存在很多问题①。

3.2.5.1 文字粗糙，费解，语病多

例如译稿 29 页"具有极左倾向的中间派"，原意应是"中间偏左"，"具有极左倾向"就不是"中间派"了。又如 887 页"远东亚洲"，不好理解，应译为"东亚"。

3.2.5.2 有漏译

林穗芳对译 70 多页，发现多处漏译。如 29 页"从 1880 年开始的平反昭雪运动"，应为"从 1880 年开始而于 5 年后完成的平反工作"，漏译了 7 个字。

3.2.5.3 译名、用语和技术规格不统一

仅书名就有三种译法：译稿扉页作《中国文化西传欧洲史》，前言作"欧洲的中国热历史"，绪论又作"中国化的欧洲"。耶稣会士阳玛诺的原文第 1 卷作 Manoal Dias，第 2 卷作 Manuel Diaz，而《辞海》则作 Emmanuel Diaz。林穗芳建议编制一份外国人名中外文对照表，便于检索，同时有利于提高译著的使用价值。

3.2.5.4 对原著理解不透，随意翻译

如 66 页"古登堡可能是纸张的发明人"，古登堡是金属活字发明人，不是纸张发明人，纸张是中国东汉时蔡伦发明的。又如 59 页"中国教育的巡按史阿泽维多神父"，应为"中国教育的巡视神父阿泽维多"，巡按史是地方民政官，不宜套用作外国神父的教职。

3.2.5.5 对原著的明显错误未作说明改正

如意大利哲学家米兰多拉只活了 31 岁，生卒年份为 1463—

---

① 林穗芳. 对《中国文化西传欧洲史》译稿的复审意见 [J]. 出版科学，1994（4）：56-57.

1494，原著误作 1463—1606，就是说活了 143 年，这显然不可能。

鉴于译稿质量不高，只作小改不可能达到出版水平，需要逐字逐句对照原稿仔细校订。校订者不仅要中文修养好，懂法文和其他外文（原著直接引用德、英等外文资料），而且要熟悉中国文化史，同时对统一翻译书的技术规格还得在行。校订者因为要将就原译，往往比重新翻译还要费劲，胜任而又愿意校订的人难找。因此林穗芳建议请译者自己找合适的校订者。

林穗芳否定了责任编辑"基本可用"的意见，对译了若干页，发现了许多问题，作为复审是认真又尽职尽责的。如果审稿不认真，把这么多问题放到加工阶段处理，不仅加重加工负担，改不胜改，而且会劳而无功，不能达到出版水平。审译稿不同于审著作稿，一定要看原著质量，所以要对照原稿看译文，这样既可以了解翻译水平，又可测量原著质量。复审运用比较、分析和综合思考的方法，揭示了译稿和原稿存在的问题，这就为全面准确评价打下了基础，在此基础上作出的取舍决定才能是科学客观的。此稿最后经译者同意作退稿处理，说明处理是实事求是的。

3.3 编辑加工研究

林穗芳在编辑加工方面有独到的见解和丰富的实践经验。他处理文稿有一双见微知著的慧眼，能发现一般不易察觉的差错和问题，还有一双灵巧的手，能恰到好处地改正文稿的差错和缺陷。他眼高手也高，是编辑加工的行家里手。我们难以尽窥他处理过的众多书稿文档，但从 20 世纪 90 年代以来，他参加首都二十家报纸编校质量评比、三十家省报编校质量评比、二十家出版社 23 种图书编校质量抽查、古籍今译图书质量随机抽查、全国出版专业职业资格考试教材（初级）审读、《出版科学》1993 至 2000 年各期质量检查，以及在各种编辑岗位培训班讲加工课的相关材料等，可以看出他的编辑加工见解之深和实例之多。

3.3.1　编辑加工是不可替代的独立环节

林穗芳将编辑加工视为编辑工作不可替代的独立环节，是经过三审确定采用的稿件在发稿前必经的重要阶段。编辑加工对提高原稿的思想、科学和文化水平，消除内容和形式上的缺陷和差错，确保出版质量具有重要意义。他认为编辑加工之所以重要，原因有以下几点①。

3.3.1.1　作者原稿总会存在这样那样的瑕疵

作品是客观事物在作者头脑中的反映，人对客观事物的认识有个逐步加深的反复过程，受认识水平和表达能力的限制及难以避免的疏忽，即使经过作者多次修改的稿件，也会存在一些不足。这是认识发展的规律，也是客观现实，是编辑加工存在的依据。林穗芳引了白居易的一段话作印证："凡人为文，私于自是，不忍于割截，或失于繁多，其间牝蚕，益又自惑；必待交友有公鉴无姑息者，讨论而削夺之，然后，繁简当否，得在其中矣。"（《与元九书》）做过编辑工作的人都有过这样的经历，谦虚的作者会乐于得到编辑的帮助，编辑也会尽力为作者出主意。人们熟知的钱钟书《谈艺录》受到周振甫的助力和周振甫受到钱钟书赞扬的事，便是一个突出例证。

3.3.1.2　审稿和编辑加工目的相同，任务和重点不同

审稿和编辑加工是两个相互衔接的环节，目的都是提高出版质量，但审稿的重点是选择和评价，即判断稿件是否可以接受出版，编辑加工是按照出版要求和读者需要对确定采用的稿件进行修改和整理。前者主要是从大处着眼，不需要对所有细节作深入检查，后者主要是从小处着手，任务不是发现优点，而是发现和改正缺点。

---

①　阙道隆，徐柏容，林穗芳．书籍编辑学概论［M］．沈阳：辽海出版社，2004：337-338.

审稿和编辑加工目的相同，所以要相互配合；两者任务和重点不同，所以审稿后还必须进行编辑加工。编辑加工是独立环节，一般不宜合一，更不能边审稿边加工。

3.1.1.3　编辑加工要形成制度，有专人负责

林穗芳在他的专著《列宁和编辑出版工作》中曾引述列宁对粗制滥造、质量低劣图书的严厉批评。列宁指出的许多问题如内容有害、错字很多、材料选择编排不当、没有序言和索引等，都同审稿特别是编辑加工不认真和制度不健全有关。因此，列宁要求：规定制度，使每一种出版物都有专人负责编辑加工①。林穗芳从编辑实践中也深深感受到形成制度和专人负责加工的必要。1995 年他在参加各类书报刊质量检查，目睹质量差错严重后说："现在用'错误百出'已不足以形容某些图书差错之多。""图书差错多不外两种原因。一是编辑放弃把关的责任或把关不严；二是受水平的限制，对稿件中存在的差错未能发现，并加以改正。"② 这说明，编辑加工虽然重要，如果不能形成制度并严格执行，也就不能实现确保出版质量的目的。

3.3.2　编辑加工需要处理好的重要关系

编辑加工是从具体问题入手发现和改正已确定采用稿件的诸多不足，这就涉及编辑与作品和作者的著作权关系。按照我国《著作权法》，作者有保护作品完整权，即保护作品不受歪曲、篡改的权利。未经作者同意，编辑不能对作品作实质性修改，例如修改观点、思路、论据和篇章结构等。而为了使作者的思想表达得更准

65

---

① 中共中央马克思恩格斯列宁斯大林著作编译局．列宁全集（中文第二版第47卷）［M］．北京：人民出版社，1990：131．中共中央马克思恩格斯列宁斯大林著作编译局．列宁全集（中文第二版第50卷）［M］．北京：人民出版社，1988：46.

② 林穗芳．中外编辑出版研究［M］．武汉：华中师范大学出版社，1998：166-167.

确、更完善，编辑有责任进行非实质性修改，如事实材料的订正，语法、逻辑错误的改正，文字的润色，体例规格的统一等。这些在实际工作中是比较难以掌握的，修改得过与不及是对编辑功力的挑战和考验。要使编辑加工做到位，需要处理好以下两方面的关系①。

3.3.2.1　文责自负和编辑加工的关系

林穗芳认为，文责自负和编辑加工两者既相区别又相联系，处理好两者关系是编辑加工的一条重要原则。

"'文责自负'"指作者对作品的内容和表达方式负责，对作品的质量，特别是对它的思想性和科学性负有不可推卸的责任。编辑加工是从出版的要求和读者的需要出发，帮助作者消除差错、提高质量，更好地担负起这个责任。如果编辑没有把好质量关，让粗制滥造或差错很多的作品问世，编辑也要承担责任，从这个意义上说，是'文责共负'。"②

如何做到既"文责自负"又"文责共负"？林穗芳依据自身实践提出了一些建议。

（1）必须修改的要改

原稿内容涉及党和国家的方针政策、政治理论观点、国内民族关系、宗教信仰、统战工作、港澳台问题和对外关系的论述，以及地图中有关国界的画法；知识性错误；事实材料包括引文的核对和订正；结构、标题、逻辑、字词、语法、修辞、标点属于书稿内容表现形式的加工；辅文和图稿的加工；技术性加工整理等③；这些是编辑加工的主要任务，属于编辑加工时必须要改的范围。必改的不改，是编辑的失职。

---

①　阙道隆，徐柏容，林穗芳．书籍编辑学概论［M］．沈阳：辽海出版社，2004：365-369.

②　阙道隆，徐柏容，林穗芳．书籍编辑学概论［M］．沈阳：辽海出版社，2004：365.

③　阙道隆，徐柏容，林穗芳．书籍编辑学概论［M］．沈阳：辽海出版社，2004：342-365.

（2）可改可不改的不要改

区分必改和可改可不改的界限，对于编辑加工十分重要。他举了一些例子，如"希特勒义愤填膺"改"希特勒大发雷霆"是应改的。将"按照文件规定"改为"根据文件的规定"，将"增加产量"改为"提高产量"，属于不必改的无效劳动。把"看作""当作"通通改成"看做""当做"，这是编辑用自己的行文习惯强加于作者。对于原稿已定的体例规格，不要轻易变动，如"1900—1971"这样的格式，没有必要在后面再加上"年"字①。

（3）谨慎修改，防止妄改

受知识、能力的限制或心理方面的影响，编辑加工时往往出现妄改、错改，例如，没有根据地随意更改事实，对引文作任意修改，对稿件作有损原意的修改，对原意作不必要的增添等。林穗芳在一次培训班讲编辑加工课前，对50位学员进行测试，结果发现学员普遍存在错改。有一题："我国古籍现有八万种，绝大部分为民间所出，由官方出的只占极少一部分。"参考答案为大部分和少部分不搭配，可将少部分改为小部分。只有3人改对，47人未改，却将"官方"和"民间"对调，把事实改错了。另有一题："中央领导同志提出：'埔东开发胆子要大一些，步子要大一些。'"此题错在"埔东"和句号位置不当，把"埔东"改为"浦东"并将句号移到引号外即可。可是有学员却把"步子要大一些"改为"步子要快一点"，修改了引文②。

为了防止加工差错，林穗芳提出，编辑改过的稿子在发稿前最好送请作者复核，如果时间不允许，也要将校样送作者过目，这是对作者的尊重。这种做法曾是编辑工作的一项制度，现在没有很好遵守，导致编辑和作者之间出现一些矛盾。

———————————

① 阙道隆，徐柏容，林穗芳．书籍编辑学概论［M］．沈阳：辽海出版社，2004：369.

② 林穗芳．编辑加工作业题答卷评析［J］．出版科学，2000（2）：16-21.

3.3.2.2 把好质量关和减轻加工负担的关系

编辑加工费时费力，不少书稿加工占编辑大量工作时间，其中有些是应该由作者做而由编辑代做了的。林穗芳指出："应当明确，决定书稿质量的主要关键在选题审稿，而不在加工整理。平庸之作经过编辑精心加工也难以变成佳作。如果出现这种情况，编辑就成为共同创作者或主要创作者，而不是本来意义上的编辑了。"这是很有见地的。这样做不仅无功而且可能侵犯著作权造成过失。林穗芳又指出："编辑有发现、培养新作家的责任，但没有把质量低劣的书稿提高到出版水平的义务。有一部分书稿难免要多花时间加工整理，但不应当成为常规，而要设法创造条件使编辑的主要精力从加工整理工作转移到选题审稿工作上来。"① 因此，如何做到既把好质量关又减轻编辑加工负担，处理好两者之间的关系，是编辑加工的又一条重要原则。为了做到这点，林穗芳提出以下一些建议。

（1）严格把好审稿关

编辑加工是在审稿基础上进行的，把好审稿关是编辑加工的前提。采用了不符合出版水平的稿件，必然大大增加编辑加工量。目前人情稿关系稿泛滥和大量收取版面费使平庸伪劣之作进入加工环节，既使编辑加工不堪重负，又造成出版物错误百出。严把审稿关是当务之急。

（2）先退改后加工

审稿时就要对稿件的缺陷和不足提出修改意见，提请作者修改。能由作者修改的尽量请作者修改，编辑不要大包大揽。退改意见要详尽具体，力求一次提完，避免反复退改②。他引用恩格斯的话说明退请作者修改的必要："当然，如果编辑都很热情，愿意为

① 阙道隆，徐柏容，林穗芳.书籍编辑学概论［M］.沈阳：辽海出版社，2004：367.
② 阙道隆，徐柏容，林穗芳.书籍编辑学概论［M］.沈阳：辽海出版社，2004：368.

他们作文字加工，那么，作者在写作中就会越来越粗心大意。"①

（3）帮助作者熟悉书稿的技术规格

通常出版单位编有供作者写作使用的著译者手册，除了国家规定的标准、规范等外，还有出版单位的特殊要求。原稿存在的问题往往很多是这类问题，而一些出版单位并未严格要求作者执行，这就增加了加工量。因此，编辑要尽可能帮助作者熟悉和使用这些手册，有些书稿可以要求作者先选送一部分样稿，看是否符合要求，有问题及时解决，以免成稿后大量返工。

3.3.3　编辑加工的基本方法

林穗芳概括审稿的基本方法是"比较、分析、综合……最后把比较、分析、综合的成果加以归纳，作出基本评价"②。作为评价精神成果，这些方法也适用于编辑加工。编辑加工的特点是从小处着手，同时也要从大处着眼，加工书稿时仍然要通读全稿，原来审稿的责任编辑要再次通读，另外由专人加工的更要通读，通过通读发现改正问题。林穗芳把这种方法分成几个方面③。

3.3.3.1　制订加工方案

在加工前把全稿从粗到细通读一二遍，目的在于了解书稿的内容和存在的问题，在胸有全局基础上制订加工方案。此时不要急于修改，因为书稿各部分不是孤立的，在不了解全局之前不可能得出最佳修改方案，以免改了前面，看了后面又要再改前面。胸有全局才能下好每着棋，编辑加工也是这样。

① 中共中央马克思恩格斯列宁斯大林著作编译局.马克思恩格斯全集（中文第一版第38卷）[M].北京：人民出版社，1972：312.
② 阙道隆，徐柏容，林穗芳.书籍编辑学概论[M].沈阳：辽海出版社，2004：326.
③ 阙道隆，徐柏容，林穗芳.书籍编辑学概论[M].沈阳：辽海出版社，2004：338-342.

3.3.3.2　深入细部发现改正问题

编辑加工要细，细就要逐字逐句，从思想、政治、科学、艺术、材料、结构、逻辑、语法、修辞等不同角度进行批判性分析。为什么要这样？林穗芳认为，文稿由字、句、篇、章组成，这些是有机联系的，只有从逐字逐句的联系中考察，才易于发现问题，找到原因和解决办法。

3.3.3.3　从比较中查找和改正问题

首先是把书稿内容同自己掌握的知识比较，看书稿有无问题。其次是把书稿各有关部分作比较，看相互有无矛盾。再次是把书稿同其他图书资料作比较。林穗芳说："编辑加工的高手不仅善于识别书稿中哪些材料是自己已知的，不用核对，哪些是值得怀疑的，需要核对，而且知道什么问题到什么地方查什么书。"①

3.3.3.4　加工的具体方法

编辑加工既要发现问题又要改正问题，发现问题不容易，改正问题也不容易。林穗芳依据自身的经验提出以下几种常用的具体方法②。

（1）修改润饰文字

这是编辑加工普遍采用的一种方法。是在保持作者观点、思路、论据和风格前提下对原稿的文字作修改润色，使意思表达准确、文字通顺易懂、符合汉语规范化要求，其中包括改正错别字和语病等。

（2）订正事实数据

根据权威或可靠资料订正原稿的相关差错。如果是译著则要有

---

① 阙道隆，徐柏容，林穗芳．书籍编辑学概论［M］．沈阳：辽海出版社，2004：342.

② 阙道隆，徐柏容，林穗芳．书籍编辑学概论［M］．沈阳：辽海出版社，2004：338-340.

专人负责对照原译本校订，现在普遍不重视译稿校订，致使译文笑话百出。

（3）压缩删节

原稿冗长臃肿、内容重复或受书刊篇幅限制需要压缩删节，编辑可以提出意见由作者来做。实际工作中如果由编辑来做，要得到作者授权。

（4）改写内容

对书稿的某些内容加以改写，大多用于通俗读物或某些特殊情况。它同压缩删节一样要得到作者同意。

（5）技术性整理

指为使书稿符合出版要求进行的技术性加工，包括辨认字迹、字符，校对引文，统一用字、用语和体例规格，把不规范字改为规范字，标注字体、字号和版式等。

（6）加写辅文

加写内容提要、出版说明、编者注等。

（7）勘正错误

指检查样书或重印书，改正错别字和数据资料等。

（8）其他

加工方法不限于以上几种，不同的书稿有不同的方法，以上划分也不是绝对的，常常交错在一起，加工时要综合运用。

3.3.4 编辑加工实例

编辑加工包括内容、形式、辅文和图稿，以及技术规格加工几方面，林穗芳在这些方面都有许多值得学习借鉴的加工实例，展现了他的丰富实践和宝贵经验。以下举例说明。

3.3.4.1 内容方面的加工

包括消除政治差错、处理学术性和知识性问题、订正事实材料和核对引文等方面。

实例 1："积极引进一些适合我国需要的外国和港、澳、台的优秀图书。"(《出版科学》1993 年第 1 期 59 页)

　　林评改："我国"改"我们"或"我国大陆"。"我国"与"港、澳、台"并提，就把"港、澳、台"划到外国去了。

　　实例 2："我国建国以来一直实行低书价政策……"(《出版科学》1997 年第 3 期 5 页)

　　林评改：在建国以前不宜加"我国"，加"我国"，意思就变成中国建国，那是几千年前的事情了。

　　实例 3："同样一个句子，用了不同的标点，句子结构会变得不同，句子意义也会变得不同。"(《出版专业基础知识(初级)》2003 年版原稿 38 页)

　　林评改："既然是'同样一个句子'……不可能因为用了不同的标点而意思变得不同。要是表达方式改为'同样一段文字，用了不同的标点，句子结构会变得不同，句子意义也会变得不同。'命题可以成立。"

　　以上实例可以看出，林穗芳往往从人们容易忽视的地方能够发现重要问题，而且改动不多就可化错为正，可见他的功力。

　　实例 4："在古代汉语里'但'字作为副词，表示'只''仅'，不当'但是'讲，现代汉语的'但是'意义在古代汉语里用'然''而'来表示。"(《出版专业基础知识(初级)》2003 年版原稿 229 页)

　　林评改："《汉语大词典》第 1 卷第 1239 页'但'字条，除了'但'字作为副词表示'只''仅'的义项外，还设有在古汉语作'但是'讲的义项，提供了两个例证：1)'已成老翁，但未白头耳。'(曹丕《与吴质书》;2)'佳期过尽，但不说归来'(柳宗元《摸鱼儿词》)。这两例的'但'字都是表示转折，意为'但是'的连词，不是意为'只''仅'的副词。"

　　实例 5："255 页中的南方七宿(井、鬼、柳、星、张、冀、轸）中的'冀'应为'翼'。又256页的星宿与地域对照表最后一行与'楚''荆州'对应的两个相连的星宿名'冀轸'也应为'翼轸'。《滕王阁序》有'星分翼轸，地接衡庐'句。"（《出版专业基础知识（初级）》2003年版审读意见）

上两例体现了林穗芳所说充分调动知识，在比较中查找问题的方法。实例5是林穗芳储备的知识，实例4是他核查《汉语大词典》的结果。它同时反映了林穗芳缜密严谨的学风和丰富深厚的知识素养。

3.3.4.2 形式方面的加工

包括结构、标题、逻辑、字词、语法、修辞、标点等属于书稿内容表现形式方面的加工。

实例6："不管果园的树枝上开的是满枝红花，或者挂的是满枝冰凌，不管外面正逢春播或者是时届秋收，不管是雨灾还是干旱，不管是生生还是死死，那钟摆总是在滴答地由左摆右，由右摆左。……夹杂枪声的薄暮中冬季开始降临了大地，但这一薄暮不久就将变为星光灿烂的穹庐。"（《林肯传》译文初稿）

林改稿："不管那果园是嫣红盈梢还是冰凌坠枝，不管外面是时逢春播还是节当秋收，不管是淫雨霏霏，还是久旱成灾，也不管人们在生老病死，那钟摆总是从容不迫地滴嗒滴嗒地由左摆到右，由右摆到左。……冬季开始降临，星光熠熠的苍穹逐渐覆盖了暮霭沉沉的黄昏。"（三联书店1978年中译本367页）①

实例7：1861年2月林肯离开家乡赴华盛顿就任总统在车

---

① 林穗芳．中外编辑出版研究［M］．武汉：华中师范大学出版社，1998：145.

站向乡亲告别，借用某诗人的一句诗 Behind the cloud the sun is still shining，最初译作"乌云后面太阳依旧照耀着"。林穗芳认为未能很好表达原作的意境和战胜困难局面的信心，而且不大像诗句，于是改为"漫天乌云遮不住，太阳依旧送光辉"①。

实例8：同书另一句初译为"游行队伍正冒着细雨和阵阵冷风行进"。林穗芳改为"游行队伍正冒着蒙蒙细雨和阵阵寒风行进"②。

林穗芳说过这样一句话："加工恰到好处，不留斧凿的痕迹，是高明的编辑。"③ 以上是林先生主持翻译美国桑德堡《林肯传》（三联书店1978年版）众多加工实例的几个，对照原作，经过林穗芳加工的定稿真正称得上他自己所说"不露痕迹"，但字字句句浸透了他的心血。

实例9：林穗芳谈到这样一个表面通顺句子的逻辑错误："'编辑加工包括加工和整理两道工序'，这句话的毛病类似'学生作文包括作文和造句两种作业'。前一个'加工'的外延大于后一个'加工'，前者是属概念，后者是种概念，在同一个思维过程中用同一个词表示两个不同的概念是逻辑同一律所不能允许的。后一个'加工'或前一个'加工'须改用别的词来表示。"④

实例10："一些赘字浮词加工时可直接剪除。如：涉及

---

①　林穗芳．中外编辑出版研究 [M]．武汉：华中师范大学出版社，1998：116-117.

②　林穗芳．中外编辑出版研究 [M]．武汉：华中师范大学出版社，1998：127.

③　阙道隆，徐柏容，林穗芳．书籍编辑学概论 [M]．沈阳：辽海出版社，2004：367.

④　阙道隆，徐柏容，林穗芳．书籍编辑学概论 [M]．沈阳：辽海出版社，2004：346.

到——涉及，国际劳动分工——国际分工，相互悬殊很大——悬殊，强行抢走——抢走，彻底粉碎——粉碎。"林穗芳说："连外文局负责文字加工的外国专家看了都觉得奇怪：'都碎成齑粉，怎么还不够彻底？'"①

目前类似"涉及到""成为了"一类赘字浮词比比皆是，似是而非、词不达意的语句司空见惯，林穗芳提到的这些情况应该受到重视。

3.3.4.3 辅文和图稿方面的加工

任何一本书都由正文和辅文组成，正文以外，包括封面、书脊、主书名页、扉页、版本记录页、附书名页、内容摘要、序言、目录、书眉、注释等，都是辅文。

> 实例 11："作者在刊物上发表文章时要剪下来或者复印一份集中保存。现在贵刊在每篇文章的上方印有专栏名称，最好能在另一侧用小字印上刊名和期号，便于作者保存，这样就不用另写发表于何种刊物了。"（《林穗芳读刊来信》1995 年第 1 期）
>
> 实例 12："从所附《技术发展的历史逻辑》一书的封面照片和技术周期原图表照片来看，所说五种文字中的德文实为法文。两幅图上的法文书名都有几处差错……。中文书名之外另加了一个好像繁体字的书名……显得不协调。"（同上）

以上是查到的《出版科学》档案资料（1993—2009）中两个有关辅文和图稿加工实例。《出版科学》此后在书眉上加上了刊名和期号，一直延续至今。值得学习的是，林穗芳检查刊物质量是按照自己的一贯主张进行的，不因辅文而放过，不因图表照片而忽

---

① 阙道隆、徐柏容、林穗芳. 书籍编辑学概论［M］. 沈阳：辽海出版社，2004：349.

略，甚至把图表照片上的中外文都检查了。

实例 13：林穗芳组织编辑出版中译本《林肯传》做了大量细致的编辑加工工作，其中辅文部分增加了三种——注释、大事年表和人物简介。原著没有注释，中译本加了 308 条脚注，其中近 300 条是责编所加，余为译者所加。大事年表由林先生和一位青年共同起草，概括一百几十条大事。对原译著人物简介根据我国读者需要作了增删改编处理（详见林穗芳《对〈林肯传〉中译本编辑工作的回顾》见《中外编辑出版比较》，146—149）。

现在不论是著作或译作，忽视辅文加工的情况十分普遍，至多只是做一些序言、内容提要和前言后记之类的工作。辅文的质量参差不齐，有的差错还很严重。编辑不做这些工作，提高质量，出版精品，就会成为一句空话。从上例可以看出林穗芳对辅文加工的重视。

3.3.4.4　技术规格方面的加工

有时称为原稿整理，主要指为使原稿符合出版要求和读者需要而进行的技术规格方面的加工。主要有统一体例和加批注及其他须注意事项。

实例 14："中华人民共和国新闻出版署……建议改为国家新闻出版署，后文中还有多处，均如此。"（《出版专业基础》（初级）审读意见）

实例 15："惟独、惟一改为唯独、唯一，如同意这样，本行举例可改为……唯新、唯物、唯独、唯一、唯妙、唯肖。《现代汉语规范词典》推荐采用唯一。"（同上）

实例 16："二斤、两斤改为二千克、两千克；二尺、两尺改为二米、两米。斤、尺是应废弃的市制单位。"（同上）

上述 3 例同出一书原稿，评改旨在统一体例和用字用词规范化。林穗芳对此要求很严格，在他的加工和检查记录中这方面的意见不少。

实例 17："《汉语拼音方案》阳平符号是提号，写法由左往右提，笔锋向上，下粗上细；去声符号是撇号，写法由左往右撇，笔锋向下，上粗下细。两种符号都不是上下均匀的斜线。阳平符号也不能用上粗下细的撇号，那是外文字母的附加符号。"（《出版专业基础知识（初级）》2003 年版审读意见）

实例 18："中文和西文的标点系统使用不同体式的冒号（中文和西文冒号均为上下两点，中文两点位置居左偏下：西文两点位置居中：——笔者）。中国国家标准使用与国际标准不同的比号（中国国家标准和国际标准比号均为上下两点居中，但国际标准两点之中空间较大，加横线可成÷号——笔者），导致在许多出版物上应用混乱。解决问题的办法是使比号的体式和位置同国际标准保持一致，冒号也不能作为时间元素分隔符使用。（林穗芳：《冒号和比号的体式及其应用问题》，《出版科学》2008 年第 4 期 28 页）

上述两例属于体式不统一问题，原因有使用不一致的问题，还有有关规定不一致的问题。《标点符号用法》规定冒号的形式为上下两点位置居左偏下，这与数学符号的比号相同，而比号又与国际标准不同，导致使用时相互混淆，不便于国际交流。《汉语拼音方案》规定用提号，可是有的书用提号，有的用撇号，或者两者都用，就使读者无所适从。

实例 19：笔画端正，外文和公式，图表中字母符号的文种、大小写、正斜体、上下角等清晰可辨。（《图书编辑工作基本规程》8.2，《出版科学》1997 年第 2 期 16 页）

林评改："'上下角'是否应为'上下角标'？"

林穗芳加工书稿包括他的写稿很注意作批注和说明，如各层级标题字体字号的标注，笔画相似字的提醒，可能排错的标点符号如各种连接号的标示，外文大小写、正斜体的区分等，都批注得清清楚楚，作者、编辑看样和录入人员排改样十分方便，这也从另一方面展现了他的严谨学风。

林穗芳的编辑加工实例有些可以称为范式。实例很多，难以一一尽举。例如在汉语拼音和标点符号方面，他一再提到"体式"，好几篇专文谈到这个问题①。他谈的体式不是只指具体使用，有体例、式样、规范的意思，如拼音字母的罗马体、哥特体，《鲁迅全集》的标点体例等，这需要另文分析介绍。

3.4 编辑后期工作研究

编辑后期工作指编辑加工整理以后到出版物出版这一段工作，相对编辑加工整理以前的信息收集、选题组稿和审稿而言。林穗芳曾讨论编辑工作的起点和终点，他遍查中外十几部大中型语文词典，大多以编辑加工为编辑工作的终点。例如《现代汉语词典》对编辑的释义是："对资料或现成的作品进行整理、加工。"好像编辑工作到加工整理为止。他认为，信息收集是编辑工作的起点，出书后的新书宣传、吸取信息是编辑工作的终点②。鉴于人们往往忽视编辑加工后的编辑工作如发稿、编辑作者看样和成书检查，他

---

① 这些专文有《汉语拼音阳平符号以什么体式为准》（《出版科学》2001 年第 3 期），《正本清源，促进汉语拼音字符体式在出版物上应用的规范化》（《出版科学》2006 年第 2 期），《汉语拼音字符体式的应用要符合规范》（《中国编辑》2008 年第 1 期），《新版〈鲁迅全集〉的标点问题和改进编辑工作的建议》（《出版科学》2007 年第 3、4 期）等。

② 《图书质量保障体系》将选题策划、论证作为编辑工作前期，审稿加工作为中期，成书检查和质量检查作为后期。林穗芳将信息作为编辑工作的起点，图书宣传、吸取信息作为终点，实际是将编辑工作分为前期和后期。见林穗芳. 关于图书编辑学的性质和对象 [J]. 出版发行研究，1987（2）：7.

在合著《书籍编辑学概论》中专写了一章讨论这些工作。在他看来，发稿、校对和质量检查都是编辑工作的一个环节，他在 1997 年 8 月 13 日致《出版科学》编辑部的信中，认为将这些工作作为环节，"反映了编辑实践的新进展，有助于提高人们对质量问题重要性的认识"①。以下论述他关于编辑后期工作的见解。

3.4.1 发稿是编辑工作的重要环节

林穗芳将编辑加工分为内容加工、文字加工和技术性加工三方面，这三方面的加工都可能有疏漏之处，这是因为编辑学是以描写性为主、规定性为辅的学科。规定性在医学中占突出地位，什么病用什么药或什么药治什么病，在医书中都有明确的说明。编辑学则不同。每种出版物的情况都不一样，解决问题主要靠编辑自己，靠学识，靠掌握规律。不同水平的编辑处理稿件的质量和达到的要求是不同的，编辑加工后的疏漏有一定客观原因，必须在发稿时再次把关。实际工作中一些单位把发稿当作一个"例行手续"，走一下过场，这就给出版物质量留下许多隐患。

3.4.1.1 发稿要做到齐、清、定

这是 1978 年第 6 期《出版工作》刊载的人民出版社调查组在一篇调查报告中提出的要求，后来写进了《出版社工作暂行条例》。国外出版社对发排的书稿也有同样的要求。

"齐"指文稿和图稿、正文和辅文及整体设计齐全，没有缺稿、缺页和需要补正的空白。

"清"指文稿和图稿清晰可辨。

"定"指文稿和图稿从内容到形式都已改定，发稿后一般不再做新的修改。"定"是关键，要做到这点不是很容易的，在发稿前要努力把加工整理做到家，把必须做的工作一一做好，不要留到看

---

① 出版科学编辑部.《出版科学》档案资料（1993—2009），2009：64.

样时再做①。

3.4.1.2 发稿前的复查

为了防止编辑加工时的疏漏，还必须对编辑加工后的文稿和图稿进行复查。

首先是普查。主要是查改动处意思是否连贯，有无损害作者原意、顾此失彼和漏改。

其次是单项检查，一次集中检查一个项目②。普查往往顾此失彼，单项检查可以弥补普查的不足。

3.4.1.3 送作者复核

这是一些单位容易忽略的工作，也是作者盼望要做的工作。作品是作者的，作者享有著作权。编辑在加工整理时所作的修改，即使已经同作者商量过，还要请作者复核加工整理后的稿件。加工整理中编辑有些弄不清楚的问题需要提请作者解决。作者复核也是再次把关，有利于保证出版物质量。

作为经验丰富的编辑家，林穗芳在送作者复核这个看似细枝末节的问题上提出了十分具体的要求。例如，"有疑问处如果只打个问号，没有用文字说明，作者可能不清楚问题在什么地方"；"提问题既要明确，还要得体，不能使用有损作者自尊心的字眼"；"附签容易丢失，问题和简短的修改意见可用铅笔写在稿纸上，长的另外写出，编辑要留底"③。如此等等，体现了一位老编辑工作者的丰富历练和细心周到。

作者复核后，编辑还要对全稿作最后一次检查，使之符合齐、清、定的要求。

---

① 阙道隆，徐柏容，林穗芳．书籍编辑学概论 ［M］．沈阳：辽海出版社，2004：311-312.

② 阙道隆，徐柏容，林穗芳．书籍编辑学概论 ［M］．沈阳：辽海出版社，2004：372.

③ 阙道隆，徐柏容，林穗芳．书籍编辑学概论 ［M］．沈阳：辽海出版社，2004：373.

3.4.1.4 写加工报告，办理发稿手续

林穗芳要求编辑加工后要写出加工报告，简要注明加工经过，包括重大修改是否同著译者和有关部门商量过并得到认可，有无遗留问题和需请示的问题，是否符合齐、清、定要求等，一是送领导审阅，二是备查。凡做工作，必有文字记录，这是林穗芳的一贯做法，例如从 1993 年至 2000 年对《出版科学》共 32 期所作的质量检查，不属于他职务分内的工作，他都有保存完整的详细记录。

办理发稿手续，各出版单位规定不尽一样，林穗芳强调填写各项内容必须准确无误。他举一部工具书为例，发稿字数填写 60 万，实际排出字数 146.3 万，字数和定价增加一倍以上，给后续工作增加了不便①。

3.4.2 编辑、作者、校对三结合校对缺一不可

发稿以后的校对工作，是保障出版物质量的又一重要环节，是编辑工作的延伸和继续。在电子稿发排的情况下，更应重视校对工作。校对工作要以专业校对为主，编辑校对和作者校对同专业校对密切结合，三者都不可缺少。

3.4.2.1 编辑包校不可取

由于电脑排版，发排稿和校样基本一样，校异同的功能淡化，校是非的功能增加，有些出版单位于是实行编校合一，取消专业校对，校对也是只读不校，或由编辑包读校。林穗芳认为这种办法是不可取的②。为什么编辑不能包校？这是因为编辑和校对是两种不

① 阙道隆，徐柏容，林穗芳. 书籍编辑学概论 [M]. 沈阳：辽海出版社，2004：375.

② 阙道隆，徐柏容，林穗芳. 书籍编辑学概论 [M]. 沈阳：辽海出版社，2004：381.

同的专业，在校对上各有长处和短处。汉字的构成包括笔画、部首和字三个层次，专业校对的重点主要是这三个层次，编辑多考虑字、词、句的联系和篇章结构，而不大注意小于字的层次。有人把校对看样归纳为点性即逐字阅读，编辑看样归纳为线性阅读。这样音近形近字，编辑看样时往往忽略，如高粱（梁）、床第（第）等，专业校对就容易发现这些错误。至于版式和技术规格，编辑的辨别能力也不如专业校对。所以校对要以专业校对为主，不能由编辑全包。

3.4.2.2　专业校对由个人包校也不可取

　　校样完全由专业校对一个人包校，林穗芳认为这种办法也不可取①。1952年出版总署《关于国营出版社编辑机构及工作制度的规定》要求"每一书稿，至少须经四次校对，其中一次由著作人自校"。以后又规定专业校对必须"三校一读"，"三校一读"必须由不同的人校对，而不能由一人包校。这是因为各校次的任务、目的和要求不同，同审稿一样，初校、二校由初级校对人员担任，终校和读校要由有经验的中级以上专业技术职务的校对人员担任，便于分工负责发现校样差错，同时可以相互监督，防止个人校对由于经验不足或疏忽造成差错。有些出版单位把一部书稿交由一人包校，即使这个人经验丰富，也难保不出差错，实践证明这样做是不利于保证编校质量的。

　　"三校一读"是一般规定，如果是重点出版物，还须增加校次，"一读"是责任校对在清样上通读，不包括编辑和作者通读。如果发现差错，还要追加校次。过去付印后出纸型，由出版部门检查纸型，现在出胶片，校对部门要"对片"，检查出片过程中有无指令性差错，例如字体、页码变动，改字出错，掉段掉行等。出版部门也要对胶片质量等进行检查。"对片"的方法是将

---

　　① 阙道隆，徐柏容，林穗芳．书籍编辑学概论［M］．沈阳：辽海出版社，2004：382.

胶片压在清样上套准后进行检查，看胶片的字符、图表、格式等是否与清样完全一致。如有错乱、变异，要对有关部分进行通读检查。

3.4.2.3 编辑和作者看样不可缺少

林穗芳认为，"编辑和专职校对员既有分工（校对的侧重点不同），又需合作，注意发现和弥补对方的不足，共同保证书稿的编校质量。"① 编辑看样的任务主要是：1）检查和解决排版后出现的新问题；2）处理编辑加工遗留或疏忽的问题；3）解决校对人员提出的疑问，消除校对员未核出的差错；4）检查校对员的改动是否必要。专业校对的任务是对原稿负责，如发现有错漏和不妥之处，应提请编辑解决，对于一些技术问题，校对员往往自行处理了。编辑看样时，既要解决校对员提出未解决应解决的问题，也要检查校对员已改而改动不当的问题。此外，编辑还要对校样作全面检查，特别是有些大部头著作，有些问题在加工时不易发现，出样后比较容易发现，编辑需要通过全面检查校样加以解决。

编辑看样后，按规定要送作者审阅，有时编辑看样和作者看样同步进行，编辑都要加强同作者的联系和沟通。编辑看样时的重大改动，要告知作者征求意见，对作者改动如有不同意见，要很好商量取得共识。

编辑校样和作者校样最好能赶在校对员校完三校之前看完，这样就可以在清样前并样。编辑并样先解决校对员校样提出的问题。对校对员提出的问题要认真对待，不要轻易否定或肯定。各个校对员提出的问题往往重复或有矛盾，最好是把校对员校样全部翻阅一遍，再动笔改，然后将编辑和作者的改动并到校对样上。校样并样后要复核一次。付印样经责任编辑、室主任、总编辑签字后付印，

---

① 阙道隆，徐柏容，林穗芳. 书籍编辑学概论［M］. 沈阳：辽海出版社，2004：381.

83

书稿内容便最后确定了。

3.4.3 成书样品检查是一次重要把关

3.4.3.1 《图书质量保障体系》的规定

新闻出版署 1997 年 6 月 20 日第 8 号令发布《图书质量保障体系》，其中第 15 条规定："坚持图书成批装订前的样书检查制度。印装厂在每种书封面和内文印刷完毕、未成批装订前，必须先装订 10 本样书，送出版社查验。出版社负责联系印刷的业务人员、责任编辑、责任校对及主管社领导，应从总体上对装订样书的质量进行审核，如发现问题，立即通知印装厂，封存待装订的印成品并进行处理；如无问题，要正式具文通知印装厂开始装订。出版社应在接到样书后 3 日内通知印装厂。印装厂在未接到出版社的通知前，不能擅自将待装订的印成品装订出厂。"

3.4.3.2 成书检查的必要性

对于这项规定，一些出版单位因怕麻烦而未执行，导致成书出版发行后出现问题难以解决。出版物是商品，商品在成品出厂前都要检验是否合格，获得合格证后才可出厂与消费者见面，这是通例。图书付印，编辑只对正文和辅文的主要内容作了检查，图书的主书名页正面和背面、附书名页、定价由出版部门负责，编辑一般见不到，书名页上的有关信息例如书名、著作者、字数等与编辑掌握的信息是否一致，只有成书检查时才知道。封面设计由装帧设计人员负责，其附载的有关文字信息由编辑通知，也只有成书检查时才能发现有无差错。按照规定，这些涉及几个部门的信息都应由编辑填发通知单联系，如果通知单漏填内容或内容不准确，又不检查成品，这就会造成差错。成书在成批装订前检查，发现问题，有些修改还来得及，全部装订后再检查，如发现重大问题就只能报废了。林穗芳指出：成书检查是"与读者见面前，编辑出版人员对成品的总体质量最后一次把关"①，千万马虎不得。

3.4.3.3 成书检查内容

成书检查的主要任务是检查全书装帧设计的效果和印装质量，审核在生产过程中通知的改动是否已经落实，有无重大文字或技术性差错及因形势变化影响发行等问题。样书由出版部门检查印装质量，校对部门检查校对质量，关于编辑检查的内容，林穗芳认为要注意以下项目②。

一是检查封面和其他各处的书名、著译者名、出版者名有无差错。林穗芳举例说明，他经手的一本外国传记作者在封面上为"茹拉普列夫"，在扉页和版本记录页为"茹拉甫列夫"。有的把"杜国庠"误作"杜国痒"，"岑麒祥"误作"岑麟祥"等。

二是检查版本记录页，看所载信息，如书名、图书在版编目数据、书名汉语拼音、字数、定价及其他项目是否存在错漏。

三是目录和书眉是否有误。由于推行倒版，书眉和正文内容可能不一致。

四是在付印样上作的改动是否已落实，有无改出新的错误。

五是其他事项。如页码是否连贯，有无漏装错装倒装，书页有无残缺，图片有无颠倒等。有些是可能意料不到的地方出现原来没有的差错，例如电脑拼造字在校样上没有错，改动程序后拼造字变成另外的字，这是已经造成恶性事故的特例。曾经出现的封面人物张冠李戴的笑谈，说明出版社根本没有对成书进行检查。

总之，成书检查是对质量负责、对读者负责的表现，是维护出

---

① 阙道隆，徐柏容，林穗芳. 书籍编辑学概论 [M]. 沈阳：辽海出版社，2004：385.

② 阙道隆，徐柏容，林穗芳. 书籍编辑学概论 [M]. 沈阳：辽海出版社，2004：385-386.

版社良好信誉的重要措施，实践已经证明它的必要性和重要性，一定要善始善终把这项工作认真做好。

3.5 翻译读物编辑工作研究

翻译读物是沟通中外文化的重要载体，在出版物中占有很大比例。林穗芳主要担任外语编辑工作，然而相比一般读物，他的翻译读物编辑工作研究的文章不多。为了弥补这一缺陷，2003年他编了一本自选集，题名就叫《一个外语编辑的奉献——编辑出版理论与实务论著自选集》，其中包括十多篇未发表的外语编辑工作研究著作，可惜未能出版①。翻译读物与一般读物的编辑工作有共性也有特性，林穗芳对此曾作过认真研究。他认为，"翻译书籍编辑工作研究既是编辑学的一个重要组成部分，又是介于翻译学和编辑学之间的一个边缘学科。""它的研究对象可以包括：翻译书籍出版史，国外图书和述评信息收集和研究方法，国家和读者对翻译书的需要，翻译书的出版方针，对译者的工作，译者和编辑的关系，翻译理论及其在编辑工作中的应用，书籍翻译工作的组织，翻译的方式（全译、节译、辑译、摘译、转译、回译、编译、译述）各类翻译书稿编辑工作的不同特点和规律，翻译书籍编辑人员应具备的条件和培训方法等。"② 但未进一步展开论述。这里只就已经接触的材料，对他讨论较多的问题进行评析。

---

① 这是林穗芳在2003年1月7日编制的目录初稿和编选说明，大部分是公开发表的著作，有一些是未刊稿，曾与有关出版社联系出版未果。林先生逝世后，王华良在《出版史料》2013年第1期发表《林穗芳未及出版的自选集》披露了上述情况，接着《济南大学学报》2013年第6期发表了自选集目录和编选说明。此事引起有关部门和林穗芳生前友好重视，已有专人负责编选并联系出版。

② 林穗芳. 翻译读物［M］//阙道隆. 实用编辑学. 北京：中国书籍出版社，1995：341.

3.5.1 林穗芳的翻译读物编辑工作实践

　　林穗芳编辑过多少翻译读物，他没有统计过，有人统计，他处理（包括复审）过的翻译书稿有 100 多种①。2002 年 11 月他为家乡广东信宜市地方志办公室写的《林穗芳简传》中曾披露过有关情况，涉及有关图书 30 多种。他自称在外国历史组和国际政治编辑室工作期间，先后做过朝、越、日、印尼、英、俄、法、德、西、希、阿尔巴尼亚、罗、塞、保、波、匈等语种的翻译书籍选题，译文加工或复审工作，其中有世界史、国别史、外交史、革命史、工运史、共运史、党史、外国领导人著作、人物传记等。具体书目在世界史方面有苏联科学院《世界通史》多卷、英国韦尔斯《世界史纲》、美国兰格《世界史编年手册》、朝鲜科学院《朝鲜通史》和明峥《越南史略（初稿）》等。在党史方面有《阿尔巴尼亚劳动党历史》《朝鲜劳动党简史》《日本共产党的六十年》《蒙古人民革命党简史》《南斯拉夫共产主义者同盟历史》《德国统一社会党简史》《波兰共产党历史概要》《希腊共产党历史》和《意大利共产党历史》等。在外国领导人著作方面有《艾地选集》、《金日成选集》、伊巴露丽《热情之花回忆录》、《日夫科夫选集》、卡塔尔《论匈牙利社会主义建设》、卡斯特罗《在古巴共产党第一、二、三次全国代表大会上的中心报告》和《铁托选集》等②。

　　这些翻译读物有的是林穗芳主动策划、广泛收集各种著作编选而成，如四卷本的《铁托选集》，于 1979 年提出编选方案，包括铁托 1926—1980 年的重要著作和访华期间发表的五篇讲话，经中央主管部门审核后组织翻译，历时四年全部出版。国际政治编辑室编发的十几种外语的译稿，在审读后一般至少退改一次，有的退改

87

----

① 王小椒. 林穗芳编辑实践与思想研究 [D]. 长沙：湖南师范大学，2013：1.

② 林穗芳. 林穗芳简传//2002 年 11 月 20 日，未刊稿.

多次或请人校订，直到基本符合出版要求再转入编辑加工，因此都具有很高的质量，受到中央领导人的肯定和有关外国领导人的赞扬。

3.5.2　翻译读物编辑工作的特性

林穗芳认为，同著作稿一样，翻译读物也要经过选题、组稿、审读、编辑加工等基本环节，按照著作稿的要求进行编辑工作，这是共性要求，同时翻译读物编辑工作也存在自身的特性，有着不同于著作稿的特殊要求。他从选题、组稿、审稿和编辑加工等方面分析研究了这些特性。

3.5.2.1　翻译读物要更加重视选题策划

著作稿一般是根据编写的设想确定的，写出来不合要求还可以修改。翻译选题是在已出版的外文书籍基础上确定的，原著的内容编辑不能改，如果选题不当，以后的翻译、审稿和编辑加工等工作都是人力物力的浪费。所以，林穗芳强调要更加重视翻译选题的策划，"在决定翻译之前要有充分时间认真研究原著内容看是否真的有翻译价值"①。出版社自身对原著内容不了解，往往根据译者单方面的推荐来确定选题，待译出来后才发现选题不当，已经来不及补救了。林穗芳提出，为防止出现这种情况，重要著作要另请专家鉴定，有的国家规定翻译选题至少要有两位专家推荐，出版社才考虑接受。

不仅是单个翻译选题要重视，更要重视翻译选题长远规划的制订。林穗芳提出，出版社要在自己专业分工的范围内抓长远规划的制订，这样既可保证单个翻译选题的可靠性，又可做到长计划短安排，有计划地介绍国外先进文化。"对国外的文化精华缺乏研究了解，眼前什么有利可图就出什么，赶潮趋热，是不可能

---

①　林穗芳.翻译读物［M］//阙道隆.实用编辑学.北京：中国书籍出版社，1995：343.

实现选题优化和系列化以满足国家经济建设和社会各方面的需要的。"①

3.5.2.2 严格选择译稿作者

译稿作者既要通晓相关外语，又要熟悉有关专业，与著作稿相比，译稿作者选择要更加严格。林穗芳认为，译稿质量首先取决于译者的选择是否得当②。他提出，对于不了解的译者，无论是个人还是单位，都必须经过试译认为合格才可以约稿。有些书因为看重个人学历头衔和单位招牌，或者碍于"情面"，只满足于一般了解，没有经过试译就约稿了，结果译出来根本不能用，一次又一次退改，质量始终提不高，只好另请人校订。

鉴于理想的译者难找，特别是小语种的译者更难找，林穗芳提出"解决的办法是以老带新，或者把中文、外文和专业等方面各有所长的人才组合在一起，依靠集体的力量来保证译文质量"③。他还认为，"组织翻译班子，责任编辑参加，边译边加工，译校过程中出现的问题译者和编辑在一起充分交换意见，随时解决，译校完毕，即可发稿。这是出版社和译者合作最理想的组织形式之一。"④

林穗芳提出，译序和出版说明，是指导阅读必不可少的。它涉及对译者的评论和有关领域学术研究的新进展。翻译和评论不是一回事，有些译者对所译书籍涉及的专业问题不一定有深入研究，所以翻译书的组稿不能以物色译者为限，重要的学术著作还得同时物色译序的作者，通常是约请有关领域的专家来写。

---

① 林穗芳．翻译读物［M］//阙道隆．实用编辑学．北京：中国书籍出版社，1995：342.

② 林穗芳．翻译读物［M］//阙道隆．实用编辑学．北京：中国书籍出版社，1995：344.

③ 林穗芳．翻译读物［M］//阙道隆．实用编辑学．北京：中国书籍出版社，1995：345.

④ 林穗芳．翻译读物［M］//阙道隆．实用编辑学．北京：中国书籍出版社，1995：345.

3.5.2.3　实事求是掌握译稿采用标准

　　我国翻译标准影响最深远的是严复概括的信、达、雅标准。翻译标准是译文在理论上可能达到的最高境界，同出版社对译稿的要求不完全是一回事，出版社不可能要求译文达到这个境界才采用，而只能从实际出发提出合理的要求。20 世纪 70 年代，全国组织翻译世界各国历史丛书时曾提出"准确、通顺、易懂"的要求，有人认为后两个要求把翻译水平降低了。林穗芳认为，如果超过这个要求，把书译得生动流畅，甚至"出神入化"当然好，然而从他接触的译稿看，完全符合通顺、易懂的并不是很多。他提出自己掌握的译稿采用标准是"准确、通顺、统一"①。"准确"是指译文符合原文的意思、精神、文体、风格等，是对译文的第一要求。"通顺"指符合语法、逻辑、明白易懂，"通顺"和"易懂"合成一条，另立一条"统一"。书是各个组成部分相互联系的统一体，要求译稿前后照应，文字、体例符合规范，在这个基础上再现原作的统一性。译名、用字、体例规格不统一是译稿最普遍、最常见、最容易犯的毛病。

　　检查译文质量要用点面结合的方法。所谓"点"就是有选择地对照原文审读若干千字，主要检查译者对原文的理解程度和中文表达能力。所谓"面"就是脱离原文，审读正文不同章节和各种辅文若干万字，必要时才查对原文。林穗芳认为，两种方法都要采用，单独采用一种例如完全采用对读的方法，由于速度慢、范围窄，不能在较短时间内对译稿质量作出比较全面的判断②。

3.5.2.4　认真妥善做好编辑加工

　　译稿的编辑加工通常分对读加工整理（逐句对照原文修改译

---

　　①　林穗芳. 翻译读物［M］//阙道隆. 实用编辑学. 北京：中国书籍出版社，1995：346.

　　②　林穗芳. 翻译读物［M］//阙道隆. 实用编辑学. 北京：中国书籍出版社，1995：347.

稿）和通读加工整理（必要时才查阅原文）两种。对译稿一般应当采用哪一种编辑加工方法，历来有不同看法，人民出版社在 20世纪 50 年代对这个问题曾发生争论，后来认识逐渐趋于一致。人民出版社的做法，林穗芳归纳为"对译稿一般采用通读加工的办法，未达到通读加工的要求者退译者修改，只有个别急需出版的重点书，来不及退译者修改，一时又找不到合适人校订，才由编辑对读加工"①。林穗芳认为，对读加工是很费时间的，而且只有通晓原作语言、高水平的编辑才能胜任。质量不好的译稿，即使有熟练的编辑对读加工一遍，也未必能把差错消灭干净。

对译稿进行编辑加工，林穗芳提出三点注意，一是坚持可改可不改即不改的原则。一个译名、用语、格式本来没有错，你改一处，别处没改就会造成新的不统一。二是除了技术性修改外，所有带实质性的修改都必须核对原文，编辑所作的修改原则上都要请译者复核。三是要注意细节。编辑对译稿的加工整理，往往在技术性问题上花费不少时间，其中不少问题在交稿前提请作者注意就可避免。为此约稿时要针对译稿普遍存在的问题给译者提供一份详尽的翻译注意事项，例如要求译者在译稿旁标注原书页码，以便审稿和编索引时使用。原稿表示看重的斜体字、宽距字等，也请译者在相应词语下加线标明。林穗芳指出："诸如此类的细节决不可忽视，这些是编辑工作经验在实际工作中的应用和概括。随着对翻译出版工作规律的认识日益加深，注意事项的内容不断充实和完善，我们的编辑工作效率将会越来越高。"②

3.5.3 翻译读物编辑人员的修养

新中国成立以来特别是改革开放以来，我国翻译读物出版工作

---

① 林穗芳．翻译读物［M］//阙道隆．实用编辑学．北京：中国书籍出版社，1995：351.

② 林穗芳．翻译读物［M］//阙道隆．实用编辑学．北京：中国书籍出版社，1995：353.

取得了很大成绩，呈现出光辉灿烂的前景，同时也存在不少问题，粗制滥造之作仍然不少。原因是许多译著没有经过通晓该语种的编辑认真审查，合格的翻译编辑人员太少。开展翻译读物编辑工作研究，加强翻译读物编辑人员培养，已成为一项迫切的任务。

3.5.3.1 翻译编辑应具备的条件

林穗芳认为，较之著作编辑，翻译编辑的要求更高。著作编辑是杂家，翻译编辑是杂家的杂家。著作编辑看的是中文著作，翻译编辑除看中文译稿外，还要看外文原著，不仅是一个语种，而且是两个、三个和更多的语种。他提出，一个称职的翻译读物编辑要具备四个条件①。

一具较高的中文水平。外文原著内容有深有浅，看不懂的句子只能是少数，而每句话都有一个如何用中文表达的问题，译者和编辑的中文水平起着至关重要的作用。一些不像中国话的话、词不达意的语病在翻译稿中比比皆是，编辑没有一定的语文基本功就难以发现和解决问题。认为只要学好外语，中文修养不足不是大问题，这种认识不改变，会妨碍编辑水平的提高。

二是多学一些外语。最大的出版社也不可能一个语种配备一个翻译编辑，而是鼓励编辑多学一些外语。翻译读物编辑工作主要要求一会即会阅读，不要求门门外语听、说、读、写、译五会。在第一外语过关后，再掌握几门外语，应当说并不难。外语是相通的，多学一些外语对提高第一外语水平也会有帮助。

三是知识要广博。各类编辑都需要有较广博的知识，从事社科读物翻译的编辑要特别注重政治、理论知识的学习。知识面广一些，有时通读译稿无须对照原文也能够发现不少问题。

四是熟悉专业。学术著作翻译的困难主要在专业方面。翻译读物编辑要求杂，但所翻译的专业则要相对固定，不宜太杂。对自己不熟悉的专业勉强翻译会闹笑话。不懂专业，选题策划和审稿工作

---

① 林穗芳. 翻译读物［M］//阙道隆. 实用编辑学. 北京：中国书籍出版社，1995：355.

也难以做好。

3.5.3.2　林穗芳的外语学习

林穗芳是翻译读物编辑的楷模，他不仅中文基本功深厚，知识广博，而且经过长期学习，掌握了十几种外语。1964 年，他在中国科协组织的一次报告会上曾讲了自己学习外文的体会，可以概括为以下几点①。

一是硬着头皮学。鲁迅学外语的硬功夫对他很有启发。鲁迅说："学外国文须每日不放下，光记生字和文法是不够的，要硬看。比如一本书，拿来硬看，一面翻生字，记文法，到看完，自然不太懂，便放下，再看别的。数月或半年之后，再看前一本，一定比第一次懂得多。"② 学习朝鲜、越南文困难很大，他就是靠苦学苦钻学到了手。学法语时法语成语不熟，遇到许多拦路虎，他就把商务印书馆出版的《法语成语小词典》从头到尾啃了三遍，还把苏联科学院出版的《法译俄的困难》看了两遍。

二是结合工作学。林穗芳学习外语主要是结合工作来学，编什么翻译书就学什么外语，他编的翻译书涉及 16 个语种，就学习掌握了 16 种外语。在编辑西文译稿时常常遇到日本人名地名及其他名词不知怎么还原，审稿时无从判断译者译得对不对，于是下决心学习日语。编《艾地选集》，他又结合工作学习印尼语。在学习朝、越、日语之后他深知学习东方语言的甘苦，同时又深感编一部译稿，要是对原文一点不懂，根本无从下手，为了工作仍然努力学习掌握了印尼语。

三是坚持不懈学。林穗芳认为学外语同科学实验不同，科学实验经过几十次、几百次坚持实验才能成功，有时也不一定会成功，学外语只要不怕困难，肯下苦功夫，就一定能学好。这里关键在于

---

① 林穗芳. 我自学外文的体会——1964 年夏在中国科协组织的一次报告会上的发言，未刊稿.

② 鲁迅. 鲁迅全集（第十卷）［M］. 北京：人民文学出版社，2005：360.

坚持不懈。如果半途而废，就会前功尽弃。他学西班牙语没有好好巩固提高，忘了不少，再捡起来学习感到非常生疏。林穗芳不抽烟、不喝酒、不参加应酬，把工作时间和业余时间都用来学习，连出门排队购物、乘车和聊天散步时也注意学习外语，这是他能积多年之功掌握十多种外语的重要原因。

四是讲究方法学。林穗芳认为，第一种外语一定要扎扎实实地学好，把基本功练好，做到融会贯通，运用自如。第一种外语学好了，再学第二种就不那么费劲了。把一两种外语基础打好，学习其他外语的进度就可加快。多掌握一门外语就能多利用一些工具书和参考书。他还有一种还原式学习方法，如把《毛泽东选集》外文版的译文还原为中文，把《马克思恩格斯全集》中文版的译文还原为德文，把《列宁全集》《斯大林全集》中文版的译文还原为俄文等，有这些著作做典范，就可以知道怎样译才能达到最高的标准，防止出现外国式中文或中国式外文。

3.6　电子编辑和电子出版研究

1979 年，林穗芳参加中国出版团访英，对英国出版业普遍使用电子计算机有深刻印象①。1996 年他著文介绍互联网与出版业的新发展，希望很好地重视和研究网络出版，早参与，早受益②。进入新世纪，他把眼光更多地指向网络出版，凭借对多种外语手段的掌握和网络工具的熟练运用，在互联网上搜索、考察了西方发达国家的有关情况，不无惊异地发现，西方发达国家不仅在电子出版的发展方面领先于我国，而且在电子编辑学的研究方面也走在我国前面。2005 年他写了《电子编辑和电子出版物：概念、起源和早期发展》的长文，2007 年又写了《加强电子编辑理论和实践的研

---

①　林穗芳.比较·鉴别·探索——1979 年夏参加中国出版代表团访英观感［J］.求精，1980（13）（14）.

②　林穗芳.互联网与出版业的新发展［J］.编辑之友，1996（2）.

究，大力培养电子学术人才》，呼吁重视电子编辑和电子出版的理论与实践研究，构建包括普通编辑学和电子编辑学在内的完整的编辑学理论体系。

3.6.1 电子编辑、电子出版和电子出版物的概念

3.6.1.1 电子编辑出版的起源

在西方发达国家，电子编辑和电子出版的实践先于概念产生。电子编辑出版的起源实际始于 20 世纪 50 年末 60 年代初用计算机编辑出版科技文献索引和文摘。电子编辑出版时代的到来是以美国人汉斯·彼得·卢恩（Hans peter Luhn）把他首创的多项电子技术成果应用于科技文献信息检索和编辑出版工作为重要标志的。1958 年 11 月，第一次国际科学信息会议（ICSI）在华盛顿召开，被誉为"信息检索之父"的卢恩在会上散发了题为《参考文献和索引：有关信息检索和机器翻译的文献》的材料，其中包含《用题内关键词法标引的题录》。他使用一台 IBM650 计算机和自己研制的 9900 索引分析器及通用卡片扫描仪演示了他首创的题内关键词标引法自动编制索引的技术。他还用电子数据处理设备演示了文摘自动生成和当场打印的技术。除了输入和输出文档的处理外，编制过程无须人工介入。演示的成功当场引起轰动，美国全国报纸广泛作了报道。会后化学文摘社在卢恩协助下用题内关键词技术进行编辑出版电子期刊的试验。1961 年 1 月起正式出版新创刊的《化学题录》双周刊，在印刷版的同时发行磁带版。这是世界最早的电子出版物。1960 年代初期，卢恩又把电子编辑出版技术的应用扩大到学术会议等方面的书籍。

3.6.1.2 电子编辑

"电子编辑"英语称"electronic editing"（简称 e-diting），这个概念是随着电子编辑出版出现在 20 世纪 60 年代初期形成的。西方专业辞书的有关条目对"电子编辑"的解释大多与电影、电视、

95

音像资料的编辑工作有关。电子编辑的发展大致可分三个阶段：
1）胶片/磁带机械剪辑法；2）基于磁带的线性电子编辑法；3）
非线性编辑法。基于光盘、可以随机存取的模拟信号非线性编辑系
统始于1980年代中期，1980年代后期以后逐渐为数字化视音频信
号非线性编辑系统所取代。

　　林穗芳概括电子编辑的发展，认为他理解的电子编辑是"依
靠计算机和网络技术从事的编辑活动"。"基本任务是依照一定的
方针和标准开发选题，组织、选择、加工稿件，使其成为可向读
者/使用者提供的纯文本或多媒体的电子文本，按照他们所需要的
形态加以复制传输"①。就出版业来说，电子编辑的基本任务是为
复制发行准备文本，按需出版：文本既可以用来制作电子出版物，
也可以用来制作印刷型出版物。

3.6.1.3　电子出版和电子出版物

　　"电子出版"是电子计算机技术与出版活动相结合的产物。
《辞海》1999年版《电子出版》条释义②为：

> 　　"①利用电子计算机技术制作电子出版物的工艺过程。通
> 常包括前期策划、素材准备、美术设计、程序编制、后期制作
> 或通过网络发送等环节。②亦称'电子出版系统'。运用电子
> 计算机技术处理彩色图文的输入、编辑设计、排版和输出等工
> 艺的印前系统。"

　　义项②反映早期的看法，即指印前工艺的电子化。义项①反映
带普遍性的看法，即电子出版指电子出版物的出版。而西方现在所
理解的"电子出版"通常指作品的机读件的出版，把软磁盘和光

---

　　①　林穗芳．电子编辑和电子出版物：概念、起源和早期发展 ［J］．出
版科学，2005（3）：6．
　　②　辞海编辑委员会．辞海（缩印本）［Z］．上海：上海辞书出版社，
1999：1660．

盘出版以及网络出版都包括在内，不是印刷型出版物印前工艺的电子化。

林穗芳认为，电子出版包括在线电子出版（elektronisches online-publizieren）和离线电子出版（elektronisches offtine-publizieren）两大类型，"网络出版"的英语正式名称为 network（ed）publishing，但在一般场合常用 online publishing（在线出版），2002 年 8 月 1 日起施行的《互联网出版管理暂行规定》明确指出互联网出版是一种"在线传播行为"①，"可见网络出版与在线出版的概念是一致的"②。网络出版也是一种电子出版。

关于电子出版物，新闻出版署 1997 年 12 月 30 日颁布的《电子出版物管理规定》是"指以数字代码方式将图文声像等信息编辑加工后存储在磁、光、电介质上，通过计算机或者具有类似功能的设备读取使用，用以表达思想、普及知识和积累文化，并可复制发行的大众传播媒体"。电子出版物的媒体形态"包括软磁盘（FD）、只读光盘（CD-ROM）、交互式光盘（CD-I）、照片光盘（photo-CD）、高密度只读光盘（DVD-ROM）、集成电路卡（IC-Card）和新闻出版署认定的其他媒体形态"。文件虽然没有具体提到网络出版物，但电子出版物包括"新闻出版署认定的其他媒体形态"，这就为扩大电子出版物的范围留下了余地。

网络出版物是否电子出版物在我国存在不同意见，有的认为，电子出版仅仅是网络出版的一个过渡，很快将会被淘汰，网络出版物是不同于电子出版物的另外一种形态。林穗芳认为网络出版物应当是电子出版物的一种类型。我国图书出版数量分成书籍、课本和图片三类进行统计，是出于统计工作的需要，没有人因此在理论上或在实质上把书籍和课本看作是并行的概念，认为课本不属于书

---

① 新闻出版总署、信息产业部．互联网出版管理暂行规定（2002 年 8 月 1 日）．

② 林穗芳．电子编辑和电子出版物：概念、起源和早期发展［J］．出版科学，2005（3）：8.

籍。同样，为了管理或研究的方便，可以把网络出版从电子出版分出来单独进行管理或研究，但不宜把网络出版和电子出版对立起来，认为网络出版物不属于电子出版物①。

3.6.2 电子出版的编辑、复制和发行

3.6.2.1 电子出版同样包含出版三要素

林穗芳认为，同传统出版一样，电子出版也包括编辑、复制和发行的出版三要素。《互联网出版管理暂行规定》指出，互联网出版是"指互联网信息服务提供者将自己创作或他人创作的作品经过选择和编辑加工，登载在互联网上或者通过互联网发送到用户端，供公众浏览、阅读、使用或者下载的在线传播行为"②。林穗芳认为，编辑、复制和发行是出版的内容和实质，在信息网络传播条件下仍然如此，变化的主要是形式和方法，而不是内容和实质。选择和加工是编辑工作的两个重要环节，选择居首要地位，《互联网出版管理暂行规定》增加了"选择"的内容，这是十分必要的。网络对来者不拒，兼收并蓄，金沙混杂，作品优劣难分，可信度比传统出版物低，海量的信息使编辑选择功能更加突出和必要。另外，规定虽然没有"复制"字样，但实际上包含了复制的内容。规定指出，互联网信息服务提供者在网上登载供公众浏览、阅读、使用或者下载的并不是作品的原件，而是软拷贝即软复制件。不同于纸印本等硬拷贝或硬复制件，它可以无限量地复制并直接发送到用户端③。

---

① 林穗芳．电子编辑和电子出版物：概念、起源和早期发展 [J]．出版科学，2005（3）：9．

② 新闻出版总署、信息产业部．互联网出版管理暂行规定（2002 年 8 月 1 日）．

③ 林穗芳．电子编辑和电子出版物：概念、起源和早期发展 [J]．出版科学，2005（3）：9．

3.6.2.2 谷登堡计划的工作程序

1971年，美国人迈克尔·哈特（Michael Hart）考虑如何把世界各国已进入公共领域（即无版权或超过版权保护期）的古典作品及其他有重要历史意义的文献由印刷本变成电子文本在网上传播，把传统的图书搬到网上，使世界任何地方的终端用户都可以自由地读取或下载。他以欧洲活字印刷术发明人谷登堡的名字命名这个计划。林穗芳以谷登堡计划为例说明电子书编辑出版发行全球化和一体化的新模式①，电子出版同样包含编辑、复制和发行三要素。

谷登堡电子书的编辑、出版、入藏和发行的工作程序经历了一个逐步完善的过程，它的基本程序包括以下几个方面。

（1）选择和制作电子文本

选书范围是1923年以前的书，当时在美国已进入公用领域。这些书据说99%以上都有差错，不仅要从多种版本中选好的版本，还要参考各种版本的内容，不以一种为准。书选定后要经过总部核准方可制作。在版权保护期内的书如果得到授权也可从中选择制作。制作电子文本时还要对有关内容进行必要的初步校对和加工。

（2）校对

2000年成立了为谷登堡计划服务的"校对分配网"。校对者先到网站登记，获得一个用户密码，据以进入网络查阅内部文件和进入个人网页。校对工作量可多可少，由自己决定。网站名义上是分配校对工作，实际上要做大量的编辑加工工作，只是在工作程序上先校对，使电子文本内容符合原意，在这个基础上进行编辑加工，或边校对边加工，校和编结合在一起。

校对采用多人（可能多达几十人）分头校对的方法。一本书至少校二遍，二校由具备一定经验的校对者担任。

校对网站设项目经理，一种书立项后被列入项目经理的网页。

---

① 林穗芳. 电子编辑和电子出版物：概念、起源和早期发展 [J]. 出版科学，2005（3）：19-23.

项目经理负责该书内容的上载、校对任务的分配、回答校对问题、全书的后处理和各个工作环节的协调事宜。

（3）后处理

后处理由项目经理自己做，也可以由别人做。后处理者是文本的最终编辑者，要求他们具有比普通校对更多的经验，对校对工作准则十分熟悉。

经过后处理的电子文本还要进行检查，检查还可能存在的大大小小差错，提出修改意见。后处理检查者必须了解电子文本带普遍性的问题，只有提交的多种电子文本被证明质量一贯良好的人才被委以后处理检查的重任。

（4）发布

发布是生产过程的最后阶段。电子文本完成编校和后处理工作后由发布组终审后发布。终审的任务是检查版权问题是否已经解决，文字质量和技术规格是否符合要求，版式是否需要转换和增加，然后给文本编号，送入文本传输服务器供发行。

发布是防止差错的最后一道关口，检查是十分严格的。完全齐、清、定，各方面都无问题可以放行，存在少量问题则须帮助解决，存在大量差错则要退改。

电子书在正式发布前一个月先出试用本，征求意见，以便改正差错，编得更好。《论语》中英对照本于 2001 年 11 月 25 日首发，2003 年 5 月出第 10 版，2004 年 8 月 27 日更新一次。内容更新只改正小差错，不改变版次。谷登堡计划电子书的质量要求在首发时正确率至少为 99.90%，争取达到 99.99%。据称谷登堡电子书的大多数的质量高于全世界商业性出版企业出版的电子书，其目标是通过不断修正再版，使差错率趋于零。

（5）发行

谷登堡计划的使命可以简单地概括为一句话："鼓励创制和发行电子书。"它在全球建立尽可能多的镜像站点，以分担需求量较大的电子书的发行负担，确保用户能就近迅速下载，就近下载的文件通常比远程传送得更清晰。据说谷登堡计划总部直接监控的一个镜像站点每月被下载的电子书高达 100 万种次。

由上可知，仅仅把谷登堡计划看作互联网上第一个数字图书馆是低估了它的历史意义，它同时也是在互联网上最早建立的编辑出版发行机构。哈特把编辑、出版、发行机构和图书馆融为一体，其数字化产品全部免费向全世界读者提供，这是电子书编辑、出版、发行一体化和全球化的新模式，向国际出版界提供了一个从"有限发行"转向"无限发行"的范例。

3.6.3 加强电子编辑理论和实践的研究

3.6.3.1 我国编辑学研究的差距

林穗芳认为，我国有组织地、系统地开展编辑学研究始于 20 世纪 80 年代，当时出版物的编辑工作以手工操作为主，很少使用计算机。出版的多种编辑学论著有些涉及电子编辑问题，但不是以电子编辑为主要研究对象。因此，他主张加强电子编辑理论和实践的研究。"这里说的加强电子编辑理论和实践的研究，主要指出版物的电子编辑学研究。多媒体电子出版物是出版物的一种，甚至可以包括影视内容，应当作为电子编辑理论和实践研究的对象。"①

编辑学研究不能仅仅停留在传统的书报刊上面。林穗芳引述电子文本编码专家，英国牛津大学计算机应用服务部负责人卢·伯纳德的话说："人与数字文化资源的互动方式跟人与非数字文化资源的互动方式有着质的差别——数字文本采用非集中的、非线性的、联想的认知模式，这是传统的纸印图书难以做到的。"② 互联网已成为学术交流的主要渠道，而我们在这方面知之甚少。数字出版是出版发展的必然趋势，随着数字出版的发展，在编辑学研究方面必须更新思想观念和思想方法，加强对电子编辑理论和实践的研究，

---

① 林穗芳．加强电子编辑理论和实践的研究，大力培养电子学术编辑人才［J］．中国编辑，2007（2）：15．
② 林穗芳．加强电子编辑理论和实践的研究，大力培养电子学术编辑人才［J］．中国编辑，2007（2）：14．

构建包括普通编辑学和电子编辑学在内的完整的编辑学理论体系。

3.6.3.2 对西方电子编辑学研究的考察

据林穗芳考察，美、英等国学者把"学术编辑"（scholarly editing）作为一门学科，往往把它和编辑学（science of editing）作为同义语使用。所谓"学术编辑"是指按照科学或学术的要求从事编辑活动，编辑的对象可以是科技作品，也可以是人文科学的各种作品，不限于专门的学术著作。卢·伯纳德等人共同执笔的《电子文本编辑：原则》一文指出："学术编辑作为一门学科包含互相关联的诸程序，它们对被编辑材料的性质、编辑理论的发展和文本出版媒体在技术上的可能性和局限性必须能够以不同的方式作出敏锐的反应。"卢·伯纳德在《电子版编码标准》一文中使用了"science of electronic editing"这个术语，可译为"电子编辑科学"或"电子编辑学"。

林穗芳指出：要了解西方的电子编辑学，就要了解西方研究电子文本的编辑发展史①。

美国现代语言协会在 1963 年成立了"美国作者文本编辑中心"（CEAA），作为一个在国际上具有重大影响的学会第一次介入学术编辑研究领域。以后美国纽约城市大学昆斯学院教授约瑟夫·拉本（Joseph Raben）在 1966 年创办了美国第一家把计算机和人文科学结合起来研究的、有关电子学术编辑的专业刊物《计算机和人文科学》，并于 1978 年创立了"计算机和人文科学协会"。美国现代语言协会把"美国作者文本编辑中心"改组成为"学术版委员会"后，试图为电子学术版的编辑制定指导原则，于 1993 年委托学术版委员会协调人起草了一份《电子学术版总则》，以征求意见。该会又和文本编码倡议联合会于 2001 年 5 月共同倡议并委托两会成员主编《电子文本编辑》一书，历时 5 年，于 2005 年 3 月编成。该书是体现电子学术编辑研究国际水平的代表作之一，其

---

① 林穗芳. 加强电子编辑理论和实践的研究，大力培养电子学术编辑人才 [J]. 中国编辑，2007（2）：15.

中《文本编辑理论主要著作解题目录》，对 1927—2004 年美、英、德、法、意等国文本编辑理论各学派奠基性或有代表性的论著共49 种作了简要评价。

除了美、英、德等大国外，欧洲有些小国也有宝贵的经验值得借鉴。它们从 20 世纪 80 年代起开始加强以电子文本编辑为主要内容的编辑学研究。荷兰教育和科学部于 1983 年 6 月资助皇家科学院建立一个文本编辑研究室和几个重大编辑出版项目的开发。后来该室又与本院几个有编辑任务的机构合并，于 1992 年 1 月成立"文本编辑和知识史研究所"，所长范弗利特称其为"荷兰的一个编辑学研究中心"。1989 年 11 月 8 日，比利时举办了一次文本编辑理论和实务国际讨论会，几所大学陆续开设了编辑学专业。比利时皇家荷兰语言学研究院决定，从 1998 年 1 月起把编辑学研究作为一项首要任务，并在 2000 年 8 月 1 日成立国家级的文本编辑和文献研究中心，主要研究电子编辑理论和实践问题。

西方电子编辑学研究不仅出现了许多理论成果，还产生了众多实践成果。最突出的个案有英国彼得·罗宾森（Peter Robinson）主持开发的英语文学之父乔叟（约 1340—1400）的名著《坎特伯雷故事集》电子考证版丛书。罗宾森有"世界最优秀的电子学术版的制作者"之称，该书是他利用计算机技术编辑出版大型古典作品学术版最先进的范例。全书包含《总序》和 24 个故事，大部分篇章用诗体写成。丛书开发方案确定《总序》和每个故事都单独出版一张只读光盘。第一种是罗宾森编的《巴思夫人的序诗只读光盘》，其他先后在 1996 年和 2000 年由剑桥大学出版社出版。这套丛书刚开始推出便产生了巨大影响。《坎集》在乔叟生前没有最后完成，手稿已佚，只有过录本传世。现存公元 1500 年以前的较完整的抄本约 60 个、摇篮刊本 1 个。《坎集》电子考证版开发的目的是利用数字技术尽可能彻底弄清《坎集》的文本历史原貌和版本源流关系。《巴思夫人的序诗》约有 7000 个英语词。罗宾森利用现存公元 1500 年以前的 58 个版本进行比勘。从 1989 年进行编辑程序试验到编成此书，共用了 7 年时间。该光盘原来是为掌握专业编辑技能的高级研究人员开发的，没想到一般读者和大学生也很感兴趣。这套丛书的编辑指导思想于是有了新的发展，编辑方法也作了相应改进。

林穗芳从西方电子编辑理论和实践的研究中感受到，"编辑学研究的重点逐渐转向电子学术编辑，为促进编辑工作现代化、为更好地传存和弘扬本国及人类的优秀文化遗产服务，这是国际编辑学研究最近二十年的一种发展趋势。"我国是世界上保存古籍最多的国家，电子学术编辑怎样为我国古籍整理工作开创新的局面，是我们需要认真探讨的课题。林穗芳强调指出："电子学术编辑的远大目标就是要把本国和全人类从古到今有价值的文化资源数字化，以便于采用适当的方式出版发行，并放到数字图书馆中永远保存下去。"①

3.6.4 培养电子学术编辑人才

事在人为，要加强电子编辑理论和实践的研究，实现电子出版物和文化资源的创新和增值，关键在于培养大量优秀的电子学术编辑人才。而我国目前面临电子学术编辑人才匮乏的困境。

在培养内容方面，林穗芳主张将编辑学和出版学分开。他说："编辑科学是独立学科，同出版艺术（或出版科学）是分开的，没有可能合成一种编辑出版学；编辑学和出版学的内涵和外延不同，编辑活动和出版活动产生的时间也有先后之分，硬要合成一门课程是给教师出难题。"② 他也认为，"把编辑学置于新闻传播学之下并不科学。""新闻传播学属于共时传播；图书编辑学所研究的文化传播可以是共时性的，更多则是历时性的，传播的时间和空间比新闻传播久远。"③ 林穗芳的着眼点是编辑学的特殊性，特殊性是

---

① 林穗芳.加强电子编辑理论和实践的研究，大力培养电子学术编辑人才［J］.中国编辑，2007（2）：18.

② 林穗芳.加强电子编辑理论和实践的研究，大力培养电子学术编辑人才［J］.中国编辑，2007（2）：18.

③ 林穗芳.加强电子编辑理论和实践的研究，大力培养电子学术编辑人才［J］.中国编辑，2007（2）：19.

事物存在的根据，也是一门学科成立的前提。过去人们认为西方有出版学而无编辑学，林穗芳的研究不仅说明西方有编辑学，而且在电子编辑学研究方面比我国先进，产生了大量的理论和实践成果。

林穗芳从西方电子编辑学研究中同时领会到编辑学和文本学有很密切的关系。西方高等院校培养编辑人才很重视文本学，而我国编辑学研究和高等院校编辑专业很少涉及与文本学的关系。他认为，"编辑学属于文化传播范畴，文化传播离不开文本，对文本编辑的理论和做法不同产生出不同的编辑学派……理顺编辑学与文本学的关系，对解决编辑学在学科体系中的定位和普通编辑学的构建具有重要作用。"① 他举例说明，美国波士顿大学编辑学研究生的课程是以"文本学"（textual scholarship）为中心设置的；英国伯明翰大学"文本学和电子编辑研究所"的所名是把两者连在一起的。而前述卢·伯纳德也有这样一句名言："提供一种关于文本和文本性的新观念"是电子编辑科学要达到的目标之一。

西方发达国家电子学术编辑硕士、博士研究生必修和选修的课程几乎都有现成的教材和大批参考文献，我们也应当有。一时编不出来或现有的不够用怎么办？林穗芳建议委托有实力的电子专业出版社从有关领域的奠基性学术著作和能概括反映国际电子编辑理论和实践最新进展的教材中选一批对我们有参考价值的书，购买版权出一套《国外电子学术编辑研究丛书》原文版，增添一个对原著的评介和原著目录的中译文，正文不译，待国内外专家学者认定某一种有翻译价值再组织翻译②。他还建议多开一些不同专题的电子学术编辑研讨会，探讨如何更好地掌握和利用现有的信息技术实现出版物的创新和增值。他希望我国编辑学界更多地了解国外不同编辑学派的理论研究成果，使我国的编辑学研究的视野更加开阔，内

---

① 林穗芳.加强电子编辑理论和实践的研究，大力培养电子学术编辑人才［J］.中国编辑，2007（2）：20.

② 林穗芳.加强电子编辑理论和实践的研究，大力培养电子学术编辑人才［J］.中国编辑，2007（2）：21.

涵更加丰富，各个领域的学术研究水平上升到新的高度。

3.7 对林穗芳编辑实务研究的评析

林穗芳的编辑实务研究既有实践描述，又有理性归纳，带有明显的理论联系实际特征，表现在以下三个方面。

3.7.1 对编辑过程各环节进行理论定位

编辑实务包括选题策划、审稿、加工和后期工作等环节，这些环节不仅是上下前后位置的不同，主要是功能、作用、任务和工作重点的区别。林穗芳关于选题策划是责任编辑的主要职责，审稿是编辑工作的中心环节，加工是不可替代的独立环节等见解，明确了各环节的性质及其相互联系和区别。这是对编辑过程各环节功能、作用的理性概括和定位，不仅对于认识和解决编辑策划与编辑审稿何者重要，以及审稿和加工关系的争论，有很强的实际意义，而且对于认识和处理数字出版编辑过程各环节的关系具有理论启示作用。

3.7.2 揭示编辑过程的整体性

林穗芳不仅明确了各环节的理论定位，同时揭示了编辑过程是一个有机构成相互依存的整体。各环节只有功能定位之别，没有可无之分，同时又相互联系，组成严密的整体。编辑工作的起点不是选题策划而是信息，信息是选题之源。编辑工作的终点不是传统所指的加工，而是出版后的宣传评介，收集信息是新一轮编辑工作的开始。他不是静止地分析编辑过程，而是动态地揭示编辑过程的整体性。这是一种富于创新性的见解。

3.7.3 对编辑过程进行规范

　　林穗芳的编辑实务研究实际上又是一种编辑过程规程。他对各环节的工作程序、方法做了具体的评述,不仅讲怎样做,而且讲为什么这样做,这方面的见解几近规范,表现出很强的规定性。他的编辑策划和审稿个案及加工实例,不仅是个人丰富经验的结晶,而且具有一定的规范性,是学习、借鉴的范例。

4 林穗芳的编辑规范研究

林穗芳不仅对编辑理论和编辑实务作了系统深入的研究，同时对编辑规范进行了认真细致的研究，在编辑的"学""术"和"规范"方面下了很大功夫，取得很多成果。他十分重视编辑工作的规范性，认为学术和规范相互联系，不可分割①。临终前最关心的是汉语拼音字符体式规范化问题②。他的主要著作及众多论文都有很多内容谈编辑规范，写作本文时参考他研究编辑规范的专文就有二十多篇。林穗芳也是编辑规范的实践者。除了从事人民出版社的编辑实践外，从 20 世纪 80 年代中期起，就应邀对一些书、报、刊的编校质量进行检查。他所作的报告和质量检查都有认真撰写的文字材料③。

4.1 语言文字规范

林穗芳十分重视编辑人员的语文修养。20 世纪 80 年代给编辑培训专门讲编辑的语文学习和进修，以自己的亲身经历和体会，讲

---

① 林穗芳．重学术，重规范，与时俱进——《出版科学》的基本特色 [J]．出版科学，2003（3）：72．

② 林梅村．林穗芳二三事 [N]．中国青年报，2010-02-06．

③ 《出版科学》编辑部．《出版科学》档案资料（1993—2009），2009．

了语文修养与编辑工作的关系："工欲善其事，必先利其器"，编辑的主要工具或者说第一武器就是语文，每出一本书，编辑都有把好文字关的责任①。2000 年 10 月 31 日《中华人民共和国国家通用语言文字法》审议通过后，他写了《〈国家通用语言文字法〉与编辑出版工作》，强调指出，语言文字的规范化和标准化是现代化建设的基础工程和先导工程，编辑出版工作者要学习和贯彻执行这部法律，努力提高出版物质量，在正确应用语言文字上起表率作用和示范作用②。

4.1.1 使用规范汉字，不使用不规范汉字

林穗芳根据《国家通用语言文字法》指出正确使用规范汉字要做到以下几点：正确使用简化字；依照《第一批异体字整理表》使用异体字的选用字；通用字及其字形以《现代汉语通用字》为准，通用字笔顺以《现代汉语通用字笔顺规范》为准；更改地名用字以国家主管部门公布的规定为准；按照《关于部分计量单位名称统一用字的通知》更改部分计量单位名称；汉字部件使用和拆分以《信息处理用 GB 13000.1 字符集汉字部件规范》为准；有异读字的字词读音以《普通话异读词审音表》为准。

不使用不规范汉字是指：不使用在《简化字总表》中被简化的繁体字；不使用通常所说的"二简字"，即 1986 年宣布废止的《第二次汉字简化方案（草案）》中的简化字；不使用 1955 年淘汰的异体字（后来被确认为规范字的除外）；不使用 1977 年淘汰的计量单位旧译名；不使用社会上出现的自造简体字及1965年淘

---

① 林穗芳．编辑的语文学习和进修［M］//曾彦修，张惠卿等．编辑工作二十讲．北京：人民出版社，1986：123.
② 林穗芳．《国家通用语言法》与编辑出版工作［J］．出版科学，2001（1）：11-13.

汰的旧字形。

他指出，不仅要弄清规范汉字和不规范汉字的界限，还要弄清繁体字和异体字允许使用的范围，这样才能做到规范使用汉字。一般出版物中应该使用简化字时使用了繁体字，就是使用了不规范汉字，而在《国家通用语言文字法》允许的范围内，如在翻印的古籍中使用繁体字，在姓氏中使用异体字，研究古代的文章在引证中使用繁体字和异体字，应当认为符合规范要求①。

4.1.2 认真消灭错别字

林穗芳认为，编辑要具有消灭错别字的能力，这是编辑的一项基本功。一个合格的编辑要认识多少汉字，是有待研究的问题。林穗芳的看法，1956 年中国文字改革委员会印发的《通用汉字表草案初稿》收通用汉字 5448 个，后来又增加 500 个，而上海教育出版社 1981 年出版的《小学生字典》收字比这个初稿还多 500 个。编辑人员不能比小学生应当学会的字还要少。我国科学工作者利用计算机统计，3700 个基本汉字的出现率为 99.9%，这对一般人来说够用了。编辑除了这 3700 个基本汉字外，还要认识一千多个非基本汉字，包括文言成分、姓名、史地等用字，这些字在高级读物和专著中是常用的。他认为一个合格的编辑至少要掌握了 6000 多个通用汉字的字形、字音、字义和用法，才具有消灭错别字的能力，否则就会出现"杜国庠"被读作"杜国痒"，"庇护"被改成"屁护"的笑话②。

2013 年 9 月发布的《通用规范汉字表》对通用汉字作了更高的要求，实践发展对编辑认识的字数提出了更高的标准，即要达到

---

① 林穗芳.《国家通用语言法》与编辑出版工作 [J]. 出版科学，2001 (1)：11-13.

② 林穗芳. 编辑的语文学习和进修 [M] //曾彦修，张惠卿等. 编辑工作二十讲. 北京：人民出版社，1986：128.

8000 字左右①。

林穗芳认为，出现错别字的主要原因有以下几点②。

（1）对字的含义不了解。例如，"既是……又是"常错成"即是……又是"，"即使"又错成"既是"。"坐座""于予与""安按"的用法不分。

（2）仍使用"二简字"。例如，兰（蓝）色，正付（副）本，过滤咀（嘴），欠（歉）收等（括号内是规范汉字）。

（3）不了解《简化字总表》中对个别字作了调整。例如，复（覆）膜，全军复（覆）没，象（像）……一样等，在某种情况下，"覆"不能简化为"复"，"像"不能简化为"象"。

（4）有些人地名误以为已经简化。例如浙江肖（萧）山，珠穆朗马（玛）峰等。外国人地名译名用字不规范或前后不一致。例如，密西（歇）根州，土尔（耳）其等（括号内是正确用字）。

（5）字形相似的字未校正。例如大干（千）世界，刺（剌）激，抢（枪）杀，巳（已）未，不能自己（已）等。

消灭错别字，一靠学识，二靠认真。学识不够，多请教，勤查工具书，就能达到消灭错别字的目的。

4.1.3　注意掌握词义

林穗芳指出，明显的语病比较容易发现，需要注意的是一些近义词或容易混淆的词的用法③。

---

① 2013 年 9 月发布的《通用规范汉字表》收字 8105 个：其中一级汉字 3500 个，满足基础教育和文化普及层面的用字需要；二级汉字 3000 个，使用度仅次于一级字，一、二级字共 6500 个，满足出版印刷、辞书编纂、信息处理等方面的一般用字需要；三级汉字 1605 个，满足与大众生活密切相关的专门领域，如姓氏人名、地方、科技术语、中小学文言文用字的需要。这应当是对编辑认识汉字的要求。

② 中国出版科研所编辑出版研究室. 书报刊文字差错评析 [M]. 北京：中国书籍出版社，1993：5-6.

③ 中国出版科研所编辑出版研究室. 书报刊文字差错评析 [M]. 北京：中国书籍出版社，1993：17-19.

例如"截止"和"截至"。"截止"表示到一定期限停止进行，"截至"通常用于尚未结束的过程。

"语"和"文"含义不同，使用时往往不注意区别。文字是书面语言，是无声的，"用英文跟他对吵"，应是"用英语跟他对吵"，"英文广播"应是"英语广播"。

要用词得当，词义的褒贬不可忽视。"因为逃避包办婚姻，服农药毙命"，"毙命"是贬义，用在这里语气重了，宜改用"丧命"。"位"是含敬意的量词，有些报道把"位"用于坏人，如称"三位歹徒"就不恰当了。

汉语成语内容十分丰富，有特定的含义，要真正吃透，才能运用恰当。"年逾花甲"指超过 60 岁，"年过半百"指超过 50 岁，"张老已花甲过半"这种用法使人不知所云，不知究竟表示多少岁。

4.1.4 学懂语法、逻辑、修辞

林穗芳认为，语法、逻辑、修辞是编辑的必修课。要做到规范使用语言，准确表达思想，提高鉴别能力，离不开学懂这三门学科。语法管说话是否符合语言习惯，逻辑管说话是否符合思维规律，修辞管说话如何取得更好效果，也就是说语法管顺不顺，逻辑管通不通，修辞管好不好①。在编辑工作和写作中，如果没有相应的知识储备和能力，就无法使语言文字通达准确地表达所要表达的内容。

林穗芳认为，词语搭配是经常容易出现的问题之一②。少（小）部分，演出场次很低（少），危房高（多）达 92 万平方米，有力（利）时机，等等，都是形容词紧靠所修饰的名词，只是一

---

① 林穗芳．中外编辑出版研究［M］．武汉：华中师范大学出版社，1998：117.

② 林穗芳．中外编辑出版研究［M］．武汉：华中师范大学出版社，1998：158.

字之差，词与词的关系就不那么顺。在长句中，相关的句子成分如果相隔较远，更要注意搭配是否适当。"她善于总结，给自己制订了'一省二查四勤'的工作作风"。"作风"显然是不能"制订"的。

虚词要掌握好，否则就写不出通顺的话。最易混用的是"的""地""得"，这三个字被赋予不同的语法作用，使用时要注意加以区分。"积极的（地）投放市场"，"作出完整系统地（的）全面规则"，"工作做的（得）扎实有效"，"治理靠得（的）是技术"，括号内是使用正确的字。

有些动态助词容易误用，如"成为了"（成为或成了），"予以了"（予以），"落在了"（落在），几个"了"字都是多余成分。

副词是虚词的一种，其中要特别注意否定词的正确运用。"在未上大学以前"，"未"字有没有都一样。"难免不产生恐惧心理"，多了一个"不"字，意思就不同了。"十年九不欠收"，有了"不"字，"欠"字就可以不要。

林穗芳认为，语法和逻辑有密切关系，有语法错误的句子有时也包含逻辑错误。但语法和逻辑不是一回事，没有语法错误的句子有时也会包含逻辑错误①。"现在许多有价值的书却出不来，或者出来了，因为数量少要赔钱，结果就只好不出。"既然"出来了"，怎样又说"不出"呢？这显然自相矛盾。"编辑加工包括加工和整理两道工序"，这句话语法是讲得通的，但不合逻辑。前一个加工的外延大于后一个加工，前者是种概念，后者是属概念，在同一思维过程中用同一个词表示两个不同的概念，是违反逻辑的同一律的。

林穗芳认为，修辞是有效地使用语言的艺术，要求以最简洁的语言、最周密的逻辑表达最丰富的思想内容，一些赘字浮词是违背修辞原则的，如"涉在到"——→涉及，强行抢走——→抢走，悬殊很大——→悬殊，剑头左边有些字词是多余的。准确是修辞的第一要

113

---

① 林穗芳.中外编辑出版研究［M］.武汉：华中师范大学出版社，1998：118.

求，语言的表达要注意准确，表达不好就会把意思弄反。"为了防
止不再发生失火事件"，"面对这种情景能不无动于衷"，"他无时
无刻都在想念祖国"，都是用语不当，把意思说反了。

4.2　数字和计量单位规范

4.2.1　熟悉数字规范

林穗芳认为，数字的用法要力求符合国家技术监督局批准的国
家标准《出版物上数字用法的规定》（GB/T 15835—1995）。1987
年公布的是试行规定，1995 年作为国家标准颁布，于 1996 年 6 月
1 日起实施。相比原试行规定，国家标准的内容已大大扩充，考虑
更加周全，在原规定试用过程中发现贯彻有困难的作了变通处理，
对原来没有涉及的一些令人困惑的问题提供了解决办法①。

林穗芳认为，从实际执行的情况出发，要注意以下一些问
题②。

（1）一篇文稿的数字用法要一致，如"1956 年二月"应写为
"1956 年 2 月"。

（2）年份不能用简写。50 年、91 年要写为 1950 年、1991 年。

（3）千、百不能作为多位数的计量单位，如"77 万 2 千"要
改为"77.2 万"。

（4）表示概数的两个连用字中间不加顿号，如"五、六个"
要改为"五六个"。

（5）小数点不能作为间隔号。"9.18"改为"9·18"，改为

①　林穗芳.认真学习和贯彻新颁布的两项国家标准——《标点符号用
法》和《出版物上数字用法的规定》[J].出版科学，1996（2）：8.

②　林穗芳.中外编辑出版研究［M］.武汉：华中师范大学出版社，
1998：159-160.

"九·一八"更好。

（6）数字在直排文稿中要用汉字，如果是用外文字母和阿拉伯数字组成的产品型号，可保留阿拉伯数字。

4.2.2　了解计量单位规范

林穗芳指出，国家主管部门三令五申，要求大力推行国家法定计量，限制英制的使用，限期废除市制，可是仍有不符合规定的用法，有时同一篇文章中法定计量单位和非法定计量单位混用①。

他引述国家标准，英制计量单位在翻译作品中可以保留，在其他情况下要限制使用，英寸和英镑可以换算成我国法定计量单位米和公斤。

关于市制计量单位，在非正式计量场合有时可用，如"节约每一斤粮食""这种声音在几里外回响"。正式计量场合则要用法定计量单位，"人均产粮 1000 斤"要改为"500 公斤"。

"公尺"和"瓩"已停止使用，改称"米"和"千瓦"。"公升""立升""市升"都应改为"升"。以下箭头左边是不规范用法：平米、平方——→平方米，立方——→立方米，CM、MM——→cm、mm（改小写），400 米^3——→400m^3。

量词是汉语特有的词类之一，方言区的用法与普通话不完全一致，要用得恰当是不大容易的。下述例子中建议用括号内量词：两只（把、口）长剑，两块（把、张）小椅子，1600 多件（箱）名酒，三枚（项）锦标，优秀产品 93 个（种）。有些文章缺量词，如"60 多万'死信'"，缺"封"字；"一月过去了"，有歧义，是"一月份过去了"，还是"一个月过去了"。

法定计量单位使用方法规定，用斜线表示相除时单位符号的分

115

① 中国出版科研所编辑出版研究室. 书报刊文字差错评析［M］. 北京：中国书籍出版社，1993：43-45.

子和分母都要与斜线处于同一行。一般分数的分子和分母也不宜拆开。如"立方米/秒"的"秒"和"吨/年"的年不能移到下行行首,"1/50"的"1"不能留在行末。

4.3 汉语拼音规范

4.3.1 重视汉语拼音规范

《国家通用语言文字法》第十八条规定:"国家通用语言文字以《汉语拼音方案》作为拼写和注音工具。"林穗芳认为,有关汉语拼音规范和标准的贯彻执行在新闻出版工作中没有受到应有的重视。国家标准《中文书刊名称汉语拼音拼写法》1992年新版重申:"国内出版的中文书刊应依照本标准的规定,在封面,或扉页,或封底,或版权页上加注汉语拼音书名、刊名。"他于1993年以《一个普遍被忽视的问题》为题发表专文说,全国一年出版的图书中只有一小部分有拼音书名,就是少数出版社出版的有拼音书名的书刊中也存在若干问题。这些问题主要有:1)没有按词连写,而是按单个汉字注音;2)漏加隔音符,按照规定,凡以 a、o、e 开头的非第一音节连接在其他音节后面的时候,如果音节的界限发生混淆,要用隔音号隔开,如西安写作 xi'an;3)书、刊名的汉语拼音不完全;4)拼音不准确;5)大小写没有严格区分,一些专有名词用小写①。

4.3.2 规范汉语拼音字符体式

2006年,林穗芳发表长文论述汉语拼音字符体式在出版物上

---

① 林穗芳. 一个普遍被忽视的问题——谈谈给中文书刊名称加注汉语拼音 [J]. 出版科学, 1993 (2): 13-15.

应用的规范化问题①，2008 年又发表文章再谈汉语拼音字符体式的应用要符合规范②。汉语拼音采用世界通用的 26 个拉丁字母，1978 年 3 月文字改革出版社出版的《汉语拼音方案》是一个标准本，其中规定字体采用拉丁字母罗马体，以后沿用多年，但最近一二十年却出现了变化，有些权威词典如《新华字典》和《现代汉语词典》都采用哥特体，连所附的《汉语拼音方案》中的拼音字母也从原来的罗马体改成哥特体。罗马体较哥特体辨识程度高，适用于排印书报刊正文、公文和长篇文章，哥特体字形不符合规范，且电脑输入不方便。林穗芳在文章中呼吁，还《汉语拼音方案》本来面目，重归罗马体，确认依照《汉语拼音方案》和国际惯例以罗马体为印刷体的标准体，制定有关汉语拼音的规范化文件。他的这个意见是正确的。他还指出，《汉语拼音方案》最初颁行的声调符号阳平符号为"提号"，即由下向上提，下粗上细，而不是"撇"号，即由上向下撇，上粗下细。方案公布以来，出版物上使用阳平符号的体式不一，即使同一篇文章中也不一样。为此，他于2001 年专门写了一篇文章讨论此问题，希望统一使用题号③。

4.4 英语文字规范

我国涉及英语的书刊日益增多，英语文字使用不规范的现象比较普遍，而这方面的国家标准制订滞后，编辑工作对此有章不循和无章可循的情况同时存在。林穗芳在《出版科学》2003 年第 1 期发表的长文《英语文字规范的一些基本知识》，根据英文使用惯例提供了英语文字规范方面的基本知识，不仅便于编辑工作和写作中

---

① 林穗芳．正本清源，促进汉语拼音字符体式在出版物上应用的规范化［J］．出版科学，2006（2）：8-24.

② 林穗芳．汉语拼音字符体式的应用要符合规范［J］．中国编辑，2008（1）：72-75.

③ 林穗芳．汉语拼音阳平符号以什么体式为准［J］．出版科学，2001（3）：28-29.

遵循，也为制定英语文字规范提供了具体建议①。

4.4.1　区分大小写字母的使用

英语文字中大小写是一个经常用错的问题，字母该大写的没有大写，该小写的没有小写，该全部大写的没有全部大写。林穗芳在该文中具体指出在何种情况下字母要大写、小写或全部大写。例如句子和标题第一个词大写；诗歌各行的首字母大写；论文大纲中各行的首字母大写；人名及与之连用的称呼、职称、头衔、诨号大写；东、西、南、北、中等方位名词作为专名的一部分大写，仅指方向时小写；省、州、市、县、乡、区等行政区划单位名称作为专名的一部分大写，作为普通名词时小写；被强调的词语全大写，等等。一共列举了29条，详尽而具体。

4.4.2　正确使用斜体字

文章列举了以下八种情况要使用英语斜体字：1）书籍、报纸、期刊等出版物的名称和电影、绘画、雕塑的名称；2）船只、飞机、航天器、人造卫星的专名；3）作为例示的或被解释的词、字母、数字；4）表示强调的词语；5）剧本中的舞台提示；6）法庭案例名称中的当事者；7）象声词；8）未归化的外来词。这为使用斜体字提供了一个可资参考的依据。

4.4.3　掌握英语文献著录的格式

英语文献著录的格式常用的有三种，一是顺序编码制，即对引用的文献按在论著中出现的先后用阿拉伯数字加括号连续标注序号，编制参考文献表时依序列出。二是著作—出版年制，多用

---

①　林穗芳．英语文字规范的一些基本知识［J］．出版科学，2003（1）：23-27.

于科技著作，近年也推广到人文科学著作。三是文献注释制。林
穗芳介绍了《芝加哥文字规范手册》第 14 版关于后两种著录格
式的示例，说明两者的异同，同时介绍了我国 CB 7714—87《文
后参考文献著录规则》关于著作—出版年制的示例，并说明它与
国际著作—出版年制的不同。还介绍了国际顺序编码制的做法。

对于国家标准与国际做法的不同，林穗芳只是陈述，没有表达
个人意见，给使用者留下了权衡取舍的空间。

4.4.4　注意拆分移行

英语词的行末移行在编辑工作中经常遇到又容易出现差错。林
穗芳指出，英语词拆分有两种方式：一是依据词源划分音节，二是
依据读音划分音节。依词源拆分和依读音拆分在一部分词是一致
的，在另一些词则不一致，一般英语词典的词条都标明音节的分
界，但不是每一个分界处都适宜于在行末加连字符移行，所以需要
制定一些移行规则。而我国没有这方面的明文规范，往往排版时让
计算机自然拆分移行，导致出现差错。有人对此视而不见，觉得无
伤大雅，林穗芳认为不可小视，在文章中提出何种情况下可以拆分
移行，何种情况下不可以拆分移行，一共 14 条。其中常见的有：
1）单音节词不拆分，如 bribe（非 bri-be）、change（非 chan-ge）。
2）相连的元音字母，若分别发音可以在其间拆分，否则不能拆
分，如 cre-ate、crea-ture（非 cre-ature）。3）多数动名词和现在分
词允许在-ing 前拆分移行，如 carry-ing、crow-ing；动词末尾加 ing
时重复的最后的一个辅音，同 ing 一起移行，如 forget-ting、run-
ning；词根原有的重叠辅音不拆分，如 discuss-ing、sell-ing。4）
-ism、-ist、-istic 等后缀可以移行，但-ism 前面是 c、ch 时习惯连
在一起，如 criti-cism、anar-chism。5）不允许把单个字母留在上行
或移到下行，但是 e-book、p-book 等有连字符的合成词可把连字符
和前面的字母留在行末。其他详见该文第四部分。

119

▤ 4.5 对林穗芳编辑规范研究的评析

综上所述，林穗芳的编辑规范研究具有以下特点。

4.5.1 规范性与灵活性相结合

他熟悉出版法规和编辑出版标准，学习、研究深入透彻，使得他的编辑规范研究严谨准确，言出有据，文字字斟句酌，带有很强的规范性。对汉语拼音字符体式重归罗马体的呼吁突出地体现了这一点。同时研究规范又不囿于规范，既坚持规范的严肃性，又考虑在特定条件下的灵活性。

4.5.2 理论性与实践性相结合

林穗芳具有丰富的编辑实践经验，包括长期积累的编辑规范经验，又具有深厚的编辑出版理论修养，使得他的编辑规范研究兼具理性和感性，体现了理论性与实践性相结合。

4.5.3 历时性与共时性相结合

林穗芳知识渊博，勤奋好学，汉语文知识功底深厚，又通晓多种外国语言，使得他的编辑规范研究既有历史分析，又有中外比较，并有现实佐证，具有丰富的知识性和说理性，体现了历史与现实、历时与共时的统一。

4.5.4 继承性与创新性相结合

编辑规范是编辑工作规律性的反映，现有规范既有适应和促进工作的一面，也有因情况变化需要修订从而与时俱进的一面。林穗芳在研究中注意使继承性与创新性相结合。他的研究有许多是对现有规范的坚守，有些则是对规范的补充建议和创新。对英语文字规范的见解，大多出自个人编辑经验的积累。他对国家标准的不同意见和建议，不是信口之言，而是经过深思熟虑、反复研究后才提出来的。

5 林穗芳的标点符号研究

1991 年 4 月，林穗芳曾参加首都二十家报纸编校质量评比，同年 10 月参加三十家省报编校质量评比，1994 年上半年又参加二十家出版社图书编校质量抽查。这几次评比检查使林穗芳痛感标点符号错用之多，令人吃惊。首都二十家报纸评比总差错按差错性质分类，错字 5 个，漏字 14 个，多字 5 个，颠倒字 2 个，标点符号差错 94 个……其中标点符号差错占全部差错的 27%，大大超过文字差错率。三十家省报评比中一家省报发表的一篇 3000 字的文章，错别漏字 8 个，占 0.26%，文中标点符号共 381 个，误用 43 个，占 11.28%，标点符号差错率为错别字差错率的 43 倍多。林穗芳为此说过这样一段话："常用的汉字几千个，常用的标点符号不过 16 种，消灭标点错误绝不比消灭错字难，问题在于编辑人员是否对此足够重视。"① 三十多年过去了，这种状况不是减少了而是增加了，编校质量不是提高了而是降低了，从林穗芳的标点符号研究中汲取教益显然具有积极意义。

林穗芳的标点符号研究包括理论研究和实用研究两方面。

---

① 林穗芳．中外编辑出版比较［M］．武汉：华中师范大学出版社，1998：154-155．

5.1 标点符号的理论研究

5.1.1 标点学是"自成一类的独立学科"

林穗芳认为，标点属于书面语研究最少的领域，打开语言学词典，可以找出文字学、文章学、语言学、音韵学、语法学等，可是找不到标点学。标点符号的理论研究和应用属于什么学科，在语文学界存在不同看法，林穗芳在 1997 年《语文建设》第 4、5 两期上发表了一篇文章《"标点"的词源和概念——兼论建立独立的标点学科的必要性》，论及这个学科的定位问题，后又在专著《标点符号学习与应用》中进一步阐述了他的观点。

5.1.1.1 标点与文字

林穗芳有一个很明确的观点：标点不是文字，任何现代词典都不把标点作为文字看待。1992 年有一部语言学大辞典认为标点是"一种文字体系的特殊成分"。林穗芳提出异议，指出"标点符号是辅助文字记录语言的，并非文字的组成部分"；"文字和标点都是视觉符号，但文字是有读音的，可以念出来供人听，而标点则有名称而无读音，只能在文字中以独特的形态显示出来供人看，用以传达文字所不能表达的信息"①。

标点虽然不是文字，但同文字有密切关系。《标点符号用法》（1990 年版）指出"标点符号是书面语中不可缺少的部分"，修订后的《标点符号用法》（1996 年版）则为"标点符号是辅助文字记录语言的符号，是书面语的有机组成部分"，表述较前精确。标点和文字共同组成书面语，两者紧密联系，有机结合。这说明标点同文字有联系，但不属于文字学。

123

---

① 林穗芳. 标点符号学习与应用 ［M］. 北京：人民出版社，2000：3.

5.1.1.2　标点与正写法

有词典认为"标点符号也归属于正字法"。"正字法"又称正写法、正词法或拼写法。正字法中的隔音符号'，是为避免拼音混淆时使用的符号（皮袄拼作"pi' ao"），而在'97新春中，'则是省字号，属标点符号。依此，林穗芳认为，"标点法与正写法分属不同的系统，各有自己的使用规则。正写法明确规定字词的写法，怎样写是对的，怎样写是错的，从词典可以查到字词的正确写法，而标点则在不违背基本准则的前提下有更大的个人选择余地。"① 因此，虽然有少数标点符号兼具拼写符号的功能，但就标点符号的主体和整体来说，不宜归入正写法系统。

5.1.1.3　标点与语法学

有词典把《标点符号》条作为《汉语语法》条的子目，也有许多教材参考书把标点符号放在有关语法的篇章中来介绍。林穗芳认为，标点与语法有密切联系，但标点符号不属于语法学科。标点系统的功能之一只是作为辅助手段，在书面语中形象地将话语的语法关系标示出来，使其看得更清楚，可见把标点法看作语法学的一个部门未必合适②。

标点既然与文字、正写法和语法系统有区别，也无法纳入语言学的其他一些分支，因此林穗芳认为，"有必要把'标点学'看作是语言学研究领域中自成一类的独立学科，与语言学、文字学、语法学、修辞学、文章学等并立"。他还建议把这门学科以国际用语的英文形式命名为"punctuatology"③。

---

① 林穗芳. 标点符号学习与应用［M］. 北京：人民出版社，2000：序言3.

② 林穗芳. 标点符号学习与应用［M］. 北京：人民出版社，2000：序言4.

③ 蔡姗. 林穗芳的编辑规范研究揽胜［J］. 中国编辑，2010（5）：21.

5.1.2 标点学的基本范畴

林穗芳为此研究了标点的概念和标点学科的基本范畴，以及如何正确处理标点和写作的关系。

5.1.2.1 标点的概念

林穗芳研究了我国主要词典、国家标准和《苏联大百科全书》《不列颠百科全书》《美国韦氏新世界美语词典》《法国及埃百科辞典》关于标点符号的表述及其异同。共同的表述是标点是"用来表示停顿、语气以及词语性质和作用的书写符号"（《现代汉语词典》修订本），不同处是一些外国词典认为词与词之间的"间空""变换字体""字母大写""分段"等也具有标点功能。林穗芳把前者称为狭义的标点概念，这类表述没有涉及非书写形式的标点手段问题，后者称为广义的标点概念。他倾向于广义上的概念。他写的《标点符号学习与应用》就是讲述广义的标点符号，除《标点符号用法》介绍的 16 种标点符号外，还介绍了 8 种标点符号和一种作为标点手段的间接安排。

林穗芳还分析了标点符号与书面语其他一些符号的区别，例如"句读"和"圈点"。我国古代在文辞休止处用"句"，文辞停顿处用"读"，分别用圈。、点、来表示。句读也起标点符号的作用。古代《三字经》有句"详训诂，明句读，为学者，必有初"，就是指懂句读是初学的要义，不然就难以理解文章的意思。但是古人用过的符号多达几十种，大圈小圈，大点小点，长点短点，方框单框多框……并非所有圈点都是标点符号，有的只是读书记号，表示词句的精彩和重要，或表示文辞中的生字和难句等。又如语音符号，如字母区别符号、声调符号、重读符号等，它们也是书面语符号，但不是标点符号。有人把古籍校勘符号归入标点符号，林穗芳认为这种看法值得商榷。另外数学符号有些同标点符号形式上相同，但性质有别，例如数学符号比号同冒号就相似，小数点和缩写点（.）、千分撒和逗号（,）等既作为组合符号用于算式，也作为标

125

点符号用于文字。林穗芳指出这些区别，意在表明标点符号有明确的专有的概念，要防止随意扩大标点符号的范围。

5.1.2.2　标点的对象

林穗芳指出："标点的对象是连贯性话语及其组成单位，包括文章结构单位和各级语言单位。所谓'话语'指任何在内容上和结构上构成一个整体的言谈或文字，它能完成一次可辨识的实际功能。"① 这里正确理解"话语"是很重要的。话语有长有短，短的只是一个句子或一个词，长的是几个句子、一个报告、一篇文章。篇是最大的标点单位，字符是最小的标点单位。标点以篇为本位，如果只讲句法，不涉及章法篇法就无法分析文章，着眼于全篇施加标点。既讲篇法，又讲句法，这是林穗芳研究标点对象独到之处。同一般只注重句法不同，他的专著《标点符号学习与应用》是从篇章号、分段号开始逐步讲到句法。文章学通常从篇开始研究到段和句群为止，不研究句以下的层次。传统的语法学研究词法和句法，不研究段以上。林穗芳把标点文章结构单位和各级语言单位都列入研究范围，是研究上的一种创新，这也是同文章学和传统语言学在研究对象上不同之处。

5.1.2.3　标点的功能

林穗芳认为，"标点的基本功能是辅助文字表情达意，用来表示停顿、语气、语言单位的性质和作用及其相互关系。"②

（1）标示书面语所需要的停顿

在交往过程中，人们说话中的停顿是一种客观现象③。人们平时说话总是边想边说，大约有一半时间是用于停顿的。标点的停顿不一定是谈话的实际停顿。书面语标示的停顿总是少于说话的停顿，有的文章几十个字才用一个标点，而谈话不可能几十个字不

---

① 林穗芳. 标点符号学习与应用 [M]. 北京：人民出版社，2000：18.
② 林穗芳. 标点符号学习与应用 [M]. 北京：人民出版社，2000：37.
③ 林穗芳. 标点符号学习与应用 [M]. 北京：人民出版社，2000：38.

停。有人曾表示给书面语增加标点，使读起来完全像讲话一样，林穗芳认为这种设想是不可能实现的，因为书面语终究不完全等同于说话。书面语所需要的停顿，是为表达情感和意思、展现语法逻辑的停顿，虽然有时不一定是实际说话应该停顿的地方，但是，要求停顿须符合说话的真情实意及语法逻辑，不然标点符号就失去了它最重要的一项功能。

（2）表示语气

标点所要表达的语气属于语法范畴。语法学依据说话目的不同，把语气归纳为4类：1）陈述语气：告诉别人某件事，描述事态、行动、情感或意见，或者对其表示肯定或否定；2）祈使语气：要求或制止别人做某件事；3）疑问语气：提出某个问题，要求回答或不要求回答；4）感叹语气：抒发某种感情。依据语气不同，可将句子划分为陈述句、祈使句、疑问句和感叹句。陈述句是最普通的句型。陈述句、疑问句和感叹句分别用句号、问号和叹号来表示，祈使句视语气程度使用句号或叹号。

（3）标示被强调的语言单位，表示语言单位的性质、作用及其相互关系

着重号用来标示被强调的语言单位，包括字、词语、句子等。需要着重论述的对象用引号标示，这时引号就起强调的作用。

文章中的某些语言单位具有特定的性质与作用，在文字自身不能表明时需要依靠标点来表明，书名号、专名号就可用来区别语言单位的性质。引号也可用来区分引语和非引语、直接引语和间接引语。

标点符号也可标明被切分的各语言单位的相互关系，例如顿号表示并列关系，逗号表示持续关系，分号表示又分又合，连接号表示连，破折号表示破，句号、问号、叹号表示句子的终结。

5.1.2.4 标点的体例

林穗芳十分重视标点符号的体例。他认为，一篇文章的标点符号要有体例，一本书、一种期刊、一套丛书、一部全集的标点符号也要有体例。特别是古籍校勘、名人全集编纂，对于标点符号要区

别不同情况，从实际出发，认真谨慎地制定一个关于标点符号的规
定，以统一全书标点符号的使用标准。这里以 2005 年新版《鲁迅
全集》的标点问题为例加以说明。

2007 年 4 月，林穗芳发长文《新版〈鲁迅全集〉标点问题和
改进编辑工作的建议》，详细分析了 2005 年新版《鲁迅全集》使
用标点符号存在的问题。鲁迅的文章有些原有标点，有些没有标
点，全集的标点要按照《标点符号用法》使用现代标点。同 1958
年版和 1981 年版比较，2005 年版《鲁迅全集》在编辑质量上虽有
所提高，但标点体例混乱，导致标点用法失范。林穗芳指出的问题
有：1）书名号使用一书多号，书名号适用范围不清；2）对逗号
和顿号的处理不当，注释部分的体例基本一致，原著的处理办法不
完全一致；3）冒号和逗号使用失范；4）间隔号使用不一致；5）
引文末尾的句号和引号的位置不规范；6）外文标点使用不规范。
林穗芳的印象是"标点问题多于文字问题，外文问题多于中文问
题"。他认为，出现这些问题的根本原因在于《鲁迅全集》编辑
工作中对标点符号的重要性和难度没有引起足够重视。标点体例
混乱问题在前两版已经存在，2005 年依然存在，有些地方甚至
倒退了。他给《鲁迅全集》今后编辑工作开的药方是："原作没
有标点的依据什么标准加标点，原作使用句读符号的要不要改成
新式标点和改用什么样的新式标点，使用早期的新式标点不符合
现行国家标准的要不要修改，国家标准没有具体规定的如何处理
等，都需要事先作出规定，拟订一个标点整理细则，以便参加编
校的人员统一掌握。"① 这就是说需要一个标点体例来规范全集标
点符号的使用。

他不仅对大型出版工程做这样的要求，对《出版科学》这样
一个期刊单位，也一再要求在期刊编发的文章中做到标点符号使用
一致，要有标点体例，在《〈出版科学〉档案资料》中可以清楚地
看到他一次再次的要求。

---

①　林穗芳. 新版《鲁迅全集》标点问题和改进编辑工作的建议（下）
[J]. 出版科学，2007（4）：25.

标点符号体例问题反映了林穗芳的宏观视野，标点符号绝不只是事关一个句子和一篇文章无关痛痒的小事，而是关系一种书报刊和大型出版工程以至文化建设全局的重要基础工作。

5.1.2.5　标点的种类和层次

林穗芳认为，标点符号可分为书写形式和非书写形式两大类。书写形式指《标点符号用法》列举的 16 种标点符号；非书写形式指分段、词与词间留空等间接安排。改变字体是一种非独立存在的标点手段，同样具有标示功能。

标点符号按功能分为点号和标号两大类。点号作用在于点断，标号的作用在于标示。

标点符号依所处位置分为 4 种类型：1）超句标点，指大于句号的标点，如分段号和篇章号；2）句末标点，有句号、问号和叹号等；3）句内标点，有逗号、顿号、分号等；4）词内标点，有连接号和省字号。

林穗芳认为标点是有层次的。依上述分类，由超句标点到词内标点，标点的层次为篇章号>分段号>句号、问号、叹号>分号>逗号>顿号>词内符号①。

林穗芳把体例作为标点的一个范畴，将篇作为标点的最大单位，将字符作为标点的最小单位，并且将非书写形式的间接安排视为标点手段，其逻辑结论必然将标点分为不同层次。掌握标点的层次对于认清标点功能、正确使用标点具有重要意义。这是林穗芳所持的一种研究新视角。

5.1.2.6　正确处理标点和写作关系

（1）规范性和灵活性的关系

林穗芳认为，标点用法不仅具有规范性，同时具有灵活性，没有规范性会造成用法混乱，没有灵活性不利于写作者表现自己的意

129

---

① 林穗芳. 标点符号学习与应用［M］. 北京：人民出版社，2000：51.

图和风格。标点的艺术性在于把规范性和灵活性的矛盾处理好，做到"从心所欲，不逾矩"①。他同时指出，在不违背基本准则的前提下，可以允许写作者选用标点同选词一样有个人自由，不过标点符号选择的自由要比文字选择少。

林穗芳认为，标点的使用同个人的写作风格有联系。冰心的早期成名作《笑》，八段话六百多字用了九个破折号。曹禺的《雷雨》134 页，使用破折号 481 处。莱蒙托夫爱用省略号，屠格涅夫爱用分号，列宁喜欢用着重号。标点的准则是根据正常的用法归纳出来的，不排斥在特定情况下的超常应用，有意识地多用、少用或不用，以表达思想感情，增强文字的修辞效果②。林穗芳的这种观点对于编辑处理文稿具有重要的启示作用。

（2）文字和标点的关系

书面语表情达意主要靠文字，标点只能起辅助作用，它不能改变文字的表达方式。如果一段文字觉得怎样用标点都不合适，那就得考虑改写文字。这里实际是认为标点的作用是有限的，标点只能在文从字顺的前提下发挥应有的辅助作用。

使用标点还要考虑文字表述和口头表达不同时出现的歧义。林穗芳举了一个例子，一篇广播稿有一句话"我们要抵制、举报非法出版物"。这句话在书面语中不存在问题，在广播时有可能造成歧义，把顿号改成"和"字朗读就不会有问题了。

5.1.3　标点的词源和历史演变

关于标点符号的历史，学术界研究很少涉及，多年以来，不断有人呼吁出版有关标点符号历史的著作。林穗芳的《标点符号学习与应用》填补了这方面的空白，从书名上看未见"史"字，实际上"史"的内容约占三分之一，除了汉语和外语标点的"通史"

---

① 蔡姗. 林穗芳的编辑规范研究揽胜［J］. 中国编辑，2010（5）：22.
② 蔡姗. 林穗芳的编辑规范研究揽胜［J］. 中国编辑，2010（5）：22.

外，还有多种语种的标点史，各种标点的词源实际上是一种点别史。有人曾誉为"中外标点符号史综合研究的开山之作"①。在这部专著中，林穗芳对中外标点符号的词源及历史演变分别进行了独到研究，又从中外标点符号的对比中研究了现代汉语标点系统的特点。

5.1.3.1　汉语标点的词源及历史演变

林穗芳指出，我国古代标点称为"句读"，句读又称句逗、句投、句度，这里读、投、度都读作逗（dòu），表示停顿。唐代高僧湛然在《法华文句记》中作了这样的解释："凡经文语绝处，谓之句；语未绝而点分之以便诵咏，谓之读。"句读使用符号主要是。、，但因人而异，不尽相同。原来句读只用来校勘，到宋中叶以后也见于刻本。

林穗芳认为，除句读符号外，殷商时代我国出现了标点的萌芽，有些甲骨刻辞以线条或间空来分辞分段。《宋史·儒林传·何基》说"凡所读，无不加标点，义显意明"，这是最早出现的"标点"词语。这里所说的"标点"大概是指读书时标示的记号，不是现代的标点概念，但"它不仅创造了一个可以比'句读'更好地表达这个科学概念的新词，说明古代刊印的书籍一般不加标点，并且揭示标点的一项重要功能——使文字'义显意明'，这是很可贵的"②。到元代也有加标点的，可惜没有实物留存，不能窥见当时标点式样及与句读的区别。标点在这一时期使用的频率很低，这是由于我国古代主要使用句读符号。

清末民初，新式标点逐渐取代传统标点。张德彝（1847—1919）是第一个概括介绍西方标点的人，他所写的《欧美环游记》中介绍了西方 9 种主要标点符号。1897 年，王炳耀自拟了一个标点系统，包括 10 种标点，后来还有人提出过其他一些方案。

---

① 黄鸿森．中外标点符号史综合研究的开山之作［J］．出版科学，2003（2）：92.

② 林穗芳．标点符号学习与应用［M］．北京：人民出版社，2000：67.

林穗芳指出，为推广新式标准和确立规范，民国教育部于1920年2月颁发《通令采用新式标点符号文》。此后1930年颁布的《教育部划一教育机关公文格式办法》规定公文"为避免误解，便于阅读起见，一律加用标点"，使用标点14种。1933年10月，国民政府以"训令五〇〇号"颁布《标点符号举例及引文款式》，要求全国各机关一律推行公文标点办法。中华人民共和国成立后，先后于1951年和1990年公布《标点符号用法》，标点符号由原来的14种增加到16种。在此基础上再次进行修订，并改制为国家标准，1995年12月经国家技术监督局批准，1996年6月1日起实施。至此，有关标点符号的概念和定义表述更加精确，内容更加完善和条理化。

5.1.3.2 外语标点的词源及历史演变

林穗芳同时研究了外语标点的词源，"标点"拉丁语称为interpunctio，本意为用"点"（punctum）标示，是现代西方许多语言"标点"一词的来源。词源说明当初俄罗斯人所理解的标点同说话停顿密切相关。捷克语同俄罗斯语同属斯拉夫语族，捷克语标点符号着眼点在"切分"而不在"停顿"。日语标点符号的传统名称为"句读点"，借自古汉语。英语的punctuation在日本的辞书一般译作"句读""句读点"或"句读法"等。

西方标点起源于古希腊罗马时代，比中国晚了几百年。关于西方标点的历史演变，林穗芳具体介绍了古代至中世纪希腊语和拉丁语的标点、德国《四十二行圣经》印刷本的标点、西方新式标点系统的奠基人，以及英语、德语、俄语、日语的标点等，重点评述了西方新式标点奠基人马努提乌斯的贡献。

随着活字印刷术的推广和文艺复兴运动的发展，西文的标点开始规范化，至18世纪已基本定型，其中意大利的人文主义学者、出版家、斜体字创始人阿尔杜斯·马努提乌斯（约1450—1515）作为西方新式标点系统的奠基人，作出了重大贡献。西方标点起源于讲读原则，它有很大的局限性，讲话和诵读时的停顿因人而异，可能在不适当处停顿。马努提乌斯是语法学家，考虑公众主要读书方式已由诵读转向视听，便以语法原则取代讲读原则制订出一套适合于印刷物的标点，并规定其使用原则。马努提乌斯所使用的具有现代意义的五种主要标点符号——逗号（,）、分号（;）、冒号（:）、句号（。）和问号（?），随着他创办的阿尔丁出版社出版的图书传播到全欧，经受了时间的考验，为各国普遍接受。

马努提乌斯去世后，他的儿子和孙子继承了他的事业，在约100年时间三代共出书908种。马努提乌斯没有留下他的标点系统的文字说明，他的孙子在1566年出版的拉丁语著作《正写法系统》（*Orthgraphiae Batia*）中介绍了马努提乌斯的标点系统，并第一次提出标点的主要作用是明确句法结构的观点。阿尔丁出版社所用的标点符号大多数在16世纪末已为英国作家普遍采用。欧洲各大语种的标点带有自己的某些特点，但共同基础主要是马努提乌斯奠定的。林穗芳有一篇长文《杰出的编辑出版家马努提乌斯和阿尔丁出版社》详细介绍了马努提乌斯的事迹①。

在印刷术发明前，欧洲标点符号的演变基本上是自发的；在印刷业初创时期，标点符号的规范化与发展取决于具有巨大权威和广泛影响的印刷出版者，马努提乌斯和阿尔丁出版社的历史作用正在于此。

5.1.3.3　现代汉语标点系统的特点

在对比汉语和外语词源及历史演变基础上，林穗芳指出了现代汉语系统的特点。他认为，"历史条件决定我国新式标点采用传承、引进和创新三结合的方式制订，近百年来形成的现代汉语标点系统同古代和外国相比有三大特点。"②

（1）标点系统既与国际接轨，又保持自己的特色

---

①　林穗芳. 杰出的编辑出版家马努提乌斯和阿尔丁出版社［J］. 出版科学，1998（1）（2）：53-57；53-56.

②　林穗芳. 标点符号学习与应用［M］. 北京：人民出版社，2000：131.

林穗芳认为国际性是现代各国语言的标点符号共有的特点①。他同时又指出各国的标点符号也有自身的特点，标点的规则不完全一致，标点的用法也有差异。

汉语现在应用的大多数符号，如问号、叹号、逗号等是从西方引进的；有不少符号，如句号、顿号、着重号、专名号、书名号、虚缺号等是我国固有的；个别符号中直行文稿的引号，则直接借自日本。引进西方标点不是照搬，也不是抛弃我国原有的句读符号，而是相互结合、消化、改造、创新，使我国原有的标点系统日益充实完善，形成汉语现代标点系统。林穗芳指出，标点的完善过程与语言文字的发展同步进行，永远不会完结。

（2）汉语点号的种类和使用数量多于一般外语

林穗芳概括标点使用的实际情况指出，现代汉语点号的种类、层次和使用数量要多于一般外语。他分析了毛泽东《论持久战》译成多种语言标点使用数量的比较情况，汉语数量 59，日语 49，英语 41，德语 39，西班牙语 38，越南语 38，印尼语 39。点号使用种类汉语 5 种，其他语言 2~4 种不等。主要原因是汉语多了一种顿号，一般外语以逗号表示最小单位，顿号为汉语所特有。他又分析了外文译成汉语的情况。以丘吉尔《对法广播讲话》为例，英文共使用标点 67 个，中文的两种译文，一种为 83 个，另一种为82 个，均多于英文②。

（3）汉语标点符号命名原则统一

林穗芳指出，这表现在以两个方面。

一是汉语标点符号统一依照其用途用汉语固有的表意词命名。外语标点符号命名的原则往往不统一，有的依照用途命名，有的依照形态命名，有的用本民族语，有的借用外来语。汉语标点系统依照用途命名，看到某一个标点符号的名称，就知道它的作用是什么。

①　林穗芳．标点符号学习与应用［M］．北京：人民出版社，2000：131.

②　林穗芳．标点符号学习与应用［M］．北京：人民出版社，2000：139.

二是汉语标点符号结尾用字统一用"号"字。外语标点符号原文名称结尾词素是不一致的，日语分别用"点""弧""符"，朝鲜语用"点""标""符"，德语按本义译是"点""线""符"。现在尚未列入国家标准《标点符号用法》的一些标点符号使用名称尚不统一，其命名原则，林穗芳建议最好与 16 种常用标点符号保持一致，依照用途命名。

5.2 标点符号的应用研究

标点符号的应用是林穗芳研究的重点。《标点符号用法》列举了 16 种标点符号，林穗芳的专著《标点符号学习与应用》介绍了25 种，增加了篇章号、分段号、分隔号、代字号、虚缺号、示亡号、标示号、省字号 8 种标点符号和一种作为标点手段的间接安排。林穗芳关于标点符号应用的研究丰富了《标点符号用法》的内容，弥补了国家标准难以避免的不足，其补充建议对于完善《标点符号用法》具有实际意义。本文不可能一一介绍他在这方面的研究成果，只就应用中难以掌握和易于误用的方面林穗芳所持见解作些阐述①。

5.2.1 林穗芳增设的标点符号

以下标点符号，《标点符号用法》没有收入，但实践中已经在一些场合中使用，林穗芳加以归纳分析，作为对《标点符号用法》的补充和建议。

5.2.1.1 篇章号

林穗芳的研究重视篇法和句法的结合，主张从篇开始研究标点

---

① 以下材料除注明出处者外，均引自《标点符号用法》和林穗芳《标点符号学习与应用》。

符号，认为篇是最大的标点单位，标点要以"篇"为本位。实际上我国秦汉时期曾使用圆圈、圆点和黑方框作为划分篇章的符号。篇章号是标示大于段落的作品结构单位的符号，有些书在篇之下、段之上划分章节，有时在序数前加章节号［§］作为标志。

篇章号分篇首号和篇末号。篇首号有三种表示法：一是在篇首加特定的符号，如·、▲、○；二是加符号又加随文走的标题；三是开篇第一字用特大号的字，一般占 2~3 行位置。

篇末号是一篇文章终结的标志。有的用白方框（□），有的用黑方框（■），有的用菱形黑框（◆）。

5.2.1.2　分段号

林穗芳认为，篇之下是段，文章通常是用若干层次和段落组成的。分段号包括：段落首行缩进或从第二行缩进两格，从第二行缩进常用于词典条目和索引等；在段落开头加圆点（·）、黑圈（●）或长线（—）。

5.2.1.3　分隔号

分隔号有斜线（/）、竖线和单线（∣）、复线（‖）等多种形式。源自西方，受西方影响，我国语言学著作较早较多地使用分隔号。1990 年，《标点符号用法》修订组《〈标点符号用法〉解说》曾把（/）作为标号的一种收入该书的附录。

分隔号用来标示诗行、标题横排连线书写时原来的分行位置；划分诗歌节拍；分析语言结构时区分语言结构层次；词典中分隔举例用的词句；分隔组成一对的两项，相当于"和"，如 647/648 列车；分隔供选择或可转换的两项，相当于"或"（186/187 年）；分隔一个年度跨越的两个历年（1991/92）；用于音位音阶两侧，如（∣a∣）；用于离合词中间；分隔期刊年份和期号；在单位相除构成的组合单位中用作分数线，表示"每"，如米/秒。

5.2.1.4　代字号

代字号有（∣）（○）（×）（~）（——）等多种形式。通常用一个代字号代替一个字或一个条目，有时用两个代字号代替若干个字。

代字号用来在辞书例证中代替条目本字本词；在参考文献中代替上条已著录的作者名；代替不定指的字，如××级学生；代替忌讳的或不便指出的字，如冯××、张××。

5.2.1.5 虚缺号

虚缺号表示文中缺字的符号，又名缺文号。古籍中使用过白方框（□）、三角圈（△）等。

虚缺号（□）代替虚缺的字，缺几个字用几个方框。《金瓶梅》《废都》中大量使用过虚缺号。古籍整理常用来表示字迹不清、未看清或不识的字，用▨表示断篇，或表示字有残缺，无法读出。

5.2.1.6 示亡号

外语有两种示亡号，一种是长方形黑线框，1950 年代通过翻译俄语书刊进入汉语；另一种是剑号（†），置于人名的卒年前，有些辞书分别用星号和剑号表示历史人物的生卒时间。现代汉语多用长方形黑线框套在已故人的姓名外面，传递人物近期去世的信息。

5.2.1.7 标示号

标示号有星号（*）、剑号（†）、米字号（※）等多种形式。米字号来源于日本，星号最初出现于中世纪早期的拉丁文献。

标示号多用星号，通常置于有关词句的左或右上角。作为划分文章不同部分的符号成组使用时单独占一行。标示号主要用来标示注解；在辞书中标示另有专条；标示构拟的语言形式；标示不能成立或不可接受的说法以及病例；标示作者赋予的特定含义；标示文章不同部分的分界。

5.2.1.8 省字号

省字号用 ' 表示，又称"省文撇""省音撇""省年号""缩
写号"，是希腊人在后古典时期（前 3 世纪—前 1 世纪）的发明。

省字号用来省略 21 世纪年份中表示世纪的阿拉伯数字，如 '
99，表示 1999 年。省字号的误用主要表现为只缩年份不加省字号，
或将省字号置于编写年份之后，如 99'。

5.2.1.9 作为一种标点手段的间接安排

在字与字之间空格和段落与段落之间空行，称为间接安排。它
不是一种符号，但起标点的作用。

间空主要以空行区分大的结构层次，如诗歌的空行；作为独立
词语的分界，包括分隔人名、标题和独立词语，以及章节条序号和
正文；分隔词牌名和题名、双调词的前后阕；分隔人物访谈和剧本
中人物对话说话人和说话内容；在信函中以间空表示尊敬。

5.2.2 《标点符号用法》应用的难点

《标点符号用法》对 16 种标点符号的应用作了规定，林穗芳
对规定作了全面研究，并重点研究了每种标点符号应用上的难点，
以及规定对有些标点功能的缺失。他的研究既有助于贯彻执行
《标点符号用法》，又是对规定的补充和完善，分别分析如下。

5.2.2.1 句号

《标点符号用法》规定，句号用于陈述句和语气舒缓的祈使句
末尾。林穗芳对此是肯定的，在此基础上主要研究怎样用好句号，
认为"用好句号的关键在于明确句子概念"。汉语逗号和句号互换
时一般不必同时改动文字，只改标点符号。汉语的这一特点，使人
容易忽视句子的界限，不注意区别句内停顿和句末停顿，往往一逗
到底才用上句号。句子太长太复杂，难于把种种词语组织好，也不
便于阅读。因此，他主张"宜多用短句，少用长句"。

一逗到底的原因在于句子的概念模糊，弄不清哪些词语构成句子，往往到话题明显转换时才用句号，结果逗号用得很多，句子偏长，甚至出现短文用长句。林穗芳统计，有一篇文章 143 个字总共用了 21 个逗号和顿号，最后才用了一个句号。

与此相反的是不该用句号的地方用了句号。句子表达的意思要独立完整，有些话字数不少，意思不能自足，只是短语，也用了句号。

5.2.2.2　问号

《标点符号用法》只讲了问号表示停顿的功能。林穗芳在肯定问号表示停顿的功能的同时指出：问号有时还"作为标号用于句内仅仅表示疑问，不表示停顿"。他举的例子有：

* 作者马致远（1250？—1321）
* 以？取人
* 是不是表示作者（编者？校者？）还拿不定主意呢？

5.2.2.3　叹号

《标点符号用法》规定，叹号用于感叹句和语气强烈的祈使句、反问句末尾，表示停顿。同问号一样，林穗芳认为，叹号有时也作为标号用于句内仅表示感叹，不表示停顿。例如：

* 他是在老婆——这么个老婆！——手里讨饭吃。
* "把劳动资料提高为社会的公共财产"（！），应当是说把它们"变为社会的公共财产"。这不过是顺便提一句罢了。

林穗芳还提到，为加强语气，可以叠用叹号（！！），也可以叠用问号和叹号（？！或！？），但要慎重。

139

5.2.2.4　逗号

1990 年《标点符号用法》说明"逗号表示句子内部的一般性停顿"。1996 年《标点符号用法》把一般性停顿具体化为四种情况。逗号是使用频率最高的标点符号，用途最广泛，用法最灵活，因此也最难掌握，再具体化也难以说清楚。林穗芳把决定逗号的用与不用概括为两个因素："一是说话时是否有停顿；二是句法上是否需要停顿，不用是否会产生歧义或不便于阅读。"

实践中最容易出现的问题是逗号的多用和少用，也就是不该用逗号的地方用了逗号，应该用逗号的地方没有用逗号。林穗芳举例说明何种情况宜加逗号，何种情况应去逗号：

> * 领导小组还专门从各单位抽调了一批懂农村财务的人员，参加社教工作。

这里"人员"既作抽调的宾语，又作"参加"的主语，中间的逗号应去掉。

> * 因工作关系笔者常到一些中小学去。

这里"因"只管到"关系"，其后有停顿，须加逗号与主语"笔者"隔开。

5.2.2.5　顿号

《标点符号用法》规定，顿号用于句子内部并列词语之间的停顿。林穗芳认为，表示句子内部并列成分之间的停顿，除顿号外，还可以用分号和逗号，但顿号表示的停顿小于分号和逗号。表示并列分句之间的停顿，用逗号或分号，不用顿号。因此他把顿号的功能定义为"表示并列字符词语之间小于逗号的停顿"。

他还指出使用顿号应注意以下问题。

（1）结合紧密的并列词语中间，如东西南北、国内外、中外学者、孔孟儒学等，中间不必加顿号。

（2）表示概数的相邻数字之间，如六七十个、五六点钟等，中间不必加顿号。

（3）注意区分并列词语的不同层次。顿号不能同时用于两个层次，"原广东省委书记任仲夷、原卫生部副部长董树则、戏剧家焦菊隐、洪深、石羽、文学评论家侯金镜、医学家朱宪彝、顾学勤……"顿号用于两个层次，界限不清，应将任仲夷、董树则、石羽、侯金镜后面的顿号改为逗号，使两个层次分别用顿号和逗号表示。

（4）鉴别用顿号分隔的词语是否并列关系。如 34 家、34 人，"家""人"非并列关系，"家"后的顿号应去掉。

（5）注意关联词语前面的顿号使用是否适当。下面是关联词语前误用顿号的例子：

　　＊ 一本书少则数万字，多则数十万、甚至数百万字。
　　＊ 美术编辑难懂五花八门的图书、特别是形形色色的科技图书。

句子中的顿号应当去掉。

5.2.2.6　分号

《标点符号用法》规定，分号用于复句内部并列关系之间的停顿以及非并列关系（如转折关系、因果关系等）的多重复句，第一层的前后两部分之间的停顿。分行列举的各项之间，也可以用分号。林穗芳认为，使用分号要特别注意"分号表示小于句号、大于逗号的停顿"。同时指出分号误用的种种情况，如误用于一般的并列词语，误用于非并列的单重复句的分句之间等。

5.2.2.7　冒号

《标点符号用法》规定，冒号用在称呼语后面，表示提起下文。概括地说，冒号的功能是引起下文和总结上文。林穗芳提出，

141

在使用冒号时需要注意以下几点。

（1）涵盖的范围要与提示性话语保持一致。例如："有人说：'是药三分毒'有一定的道理。"冒号只管到"三分毒"，不能管到句末，那样便把涵盖的范围扩大了，所以"三分毒"后要加逗号。

（2）冒号要用在有停顿的地方。例如："他想不出：有什么好办法来解决问题。"冒号前后没有停顿，冒号应删去。又如："他头也不回，冷冷地问'什么名字'？"冷冷地问后面有停顿，要加冒号。

（3）提示性话语后加冒号，非提示性话语后不加冒号。例如："据苏州府志载：苏州城内大小园林，有 150 多座。"冒号前面不是提示性话语而是交代材料来源，应改用逗号。

（4）在一个句子里避免套用两个冒号。

5.2.2.8 引号

《标点符号用法》规定，引文中直接引用的话，需要着重论述的对象，具有特殊含义的词语，用引号标示。这里的意思是明白的。引号容易出错之处在引文标点位置的用法，现在用法不一，林穗芳的见解有以下几点。

（1）引文成句地被独立使用，引文末尾的句号放在引号内；不成句、不独立地引用，句号放在引号外。句号放在引号内还是引号外，取决于引文是否成句，是否整句的引用，这应是一个通则。

（2）句末使用问号、叹号，须注意问号、叹号是属于引文的还是属于全句的，以免放错位置。例如：列车员问我们："金华站有没有熟人"？问号不是属于全句而是属于引文的，问号应放在引号内。

（3）独立成段的引文标点。引文如果只有一段，段首和段末都加引号。引文不止一段，每段开头加前引号，最后一段末尾加后引号。

引文的误用主要是多用或少用，该用引文的没有用，不该用的用了。

5.2.2.9 括号

《标点符号用法》规定，引文中注释性的文字，用括号标明。这里的注释有多种含义，主要指解释和补充说明。林穗芳认为，引文常常用括号交代出处，括号内外标点如何使用是值得注意的问题。一般处理的方法是引文末尾有句号，注明出处时，引文末尾的句号要移到括号后。另外要避免在括号内套用同样的括号。

括号的误用主要是位置不对，该用引号处用了括号，多用括号等。

5.2.2.10 破折号

《标点符号用法》规定，引文中解释说明的语句，话题突然转变，声音延长，象声词后用破折号。事项列举分承，各项之前也用破折号。林穗芳指出破折号和括号用法的区别是：用破折号标示的是正文的一部分，朗读时必须读出来；用括号标示的是辅文，朗读时不念出来，也不影响语句的完整。

5.2.2.11 省略号

《标点符号用法》规定，引文的省略，列举的省略，说话断断续续，用省略号标示。同引号、括号一样，省略号前后的标点用法也往往不一致。林穗芳提出一个总要求，即：省略号前后的点号如果有助于表达文义可保留，否则不保留；省略号前后有其他句子要加句号，但是省略号在一个自然段的末尾，就不要加句号，因为，其后无其他文字，省略号在句末就表示停顿。

5.2.2.12 着重号

《标点符号用法》规定，要求读者特别注意的字、词、句，用着重号标明。林穗芳补充了一点，也可以采用与正文不同的字体通常是黑体的办法，以表示尊重。

5.2.2.13 连接号

《标点符号用法》规定，《标点符号用法》规定连接号有 4 种形式：一字线、二字线、半字线、浪纹。林穗芳认为，"实际应用还有第五种形式，即三分线（-），长度为字的全身的 1/3，相当于西文的连字符"。其用法用于汉语词语的分合，用于外来语（CD-ROM），用于移行①。

5.2.2.14　间隔号

《标点符号用法》规定，外国人和某些少数民族人名内各部分的分界，书名与篇（章、卷）名之间的分界，用间隔号表示。现在译名中带有外文字母时，有的用中圆点，有的用下角点。林穗芳指出，同一个人名，既有中圆点又有下角点，不大好看，重要的是同一篇文章和同一本书要保持一致。

5.2.2.15　书名号

《标点符号用法》规定，书名号用于标示书名、篇名、报纸名、刊物名等。对于外文书名是否使用书名号，林穗芳的意见是如果夹用在中文中，也可用书名号，如果不加书名号，最好用斜体字，既与外文体例保持一致，也便于识别。丛书和传媒栏目、专刊、专版用不用书名号？报刊有过争论，现在大多用书名号。书名和括号并用时，括注的是书名的一部分，括号放在书名号里边，如果不是一部分，括号放在书名号外边。并列书名中间不必加点号分隔，如果还有其他文字，则须加点号分隔。

5.2.2.16　专名号

《标点符号用法》规定，专名号只用于古籍或文史著作里的人名、地名、朝代名等专名下面。为配合专名号，这些著作里的书名号可用浪线（~）表示。林穗芳解释，书名也是专名的一种，但人名地名等专名在作书名时性质发生了变化，在这种情况下，从专名中把书名分出来，另用一种符号表示，是为了加以区别。

144

---

①　林穗芳. 连接号用法例析 ［J］. 出版科学，1999（4）：20.

5.3 对林穗芳标点符号研究的评析

综上所述，林穗芳的标点符号研究具有以下特点。

5.3.1 联系编辑工作实际，具有很强的实用性

从编辑工作角度研究标点符号，这是林穗芳区别于其他标点符号研究者的一个特点。他长期从事编辑工作，深感标点符号的重要，并且熟悉编辑工作使用标点符号中出现的种种问题，使得他的研究富于针对性。其应用研究中所举正误两方面的实例，都来自编辑工作，其原因分析和解决方案，都源于他自己和其他编辑工作者的认识和经验，因此很多出版单位都将《标点符号学习与应用》作为编校人员必备的案头参考书。

5.3.2 贯通古今中外，具有系统的理论性

《标点符号学习与应用》从书名看似乎只是一种工具书，实际上理论研究篇幅占很大比例。其理论研究不仅着眼当前，同时贯通古今中外，如对标点的词源和各种标点符号的由来及其历史演变，都做了纵向的古今考察和横向的中外对比，实际上是一部标点符号史，有人就称它是"中外标点符号史综合研究开山之作"①。

5.3.3 坚持国家标准，处理好规范性与灵活性的关系

林穗芳的标点符号应用研究严格依据国家标准《标点符号用法》，全面分析各种标点符号的功能，具体研究不同用法，特别是

---

① 黄鸿森. 中外标点符号史综合研究开山之作——读林穗芳著《标点符号学习与应用》[J]. 出版科学，2003（2）：92-96.

剖析实际应用的种种误用个例，强调国家标准的规范严肃性。同时说明《标点符号用法》难以避免的不足和需要完善之处，并提出了自己的补充建议。他提出的实际工作中已经应用而国家标准尚未收入的若干标点符号，对《标点符号用法》的完善将起到重要的参考作用。他强调要注意处理好规范性和灵活性的关系，标点符号的使用同个人写作意图和风格有联系，不排斥在特定情况下的超常应用，以及有意识地多用、少用或不用，并列举了许多实例。这种见解对于编辑工作具有重要的启示作用。

6 林穗芳的治学特点、
主要贡献及价值启示

林穗芳是一位普通的编辑，终其一生工作在编辑第一线，工作、学习和研究。工作结合学习和研究，学习和研究联系工作。他没有显赫的职务和经历，默默地耕耘着编辑这片热土。他所得的荣誉是对他所作贡献的奖励。他既熟悉传统的出版编辑职业，熟练地掌握着编辑之学与术，又心仪新兴的多媒体和网络出版，给予足够的关注与研究。我们现在所处的时代，需要像林穗芳这样的编辑，这是我国出版事业和出版产业繁荣发展之本。

6.1 林穗芳的治学特点

徜徉在林穗芳编辑研究的领域，会发现他在治学上的许多鲜明特点。

6.1.1 勤奋好学，探索新知

林穗芳不是天才，他工作、研究上的成就，源于勤奋好学，求知若渴。他从小就聪慧好学。在工作中，每编一本译著，就钻研一种外语。人们可以想象学习一两种外语需要怎样勤奋努力，但难以体会攻下 16 种外语需要怎样的毅力。进入耳顺之年，还通过学习熟练使用电脑，在网络世界中广觅新知。他从不满足于已经拥有的知识，总是在不断充实储备新的知识，开拓新的研究领域。勤奋好学，探索新知，贯穿林穗芳的一生，使他的工作和研究具有牢固的基础。

6.1.2 锲而不舍，刻苦钻研

无论工作、学习和研究，从不满足于一知半解和蜻蜓点水，林穗芳的刻苦钻研精神是感人至深的一个特点。对各种词源的研究是一个显著例子，每研究一个概念必研究词源。不仅查中文词源，还检索外语词源。不是仅查一两处词源，而是纵横深入多方穷究。如为了弄清"编辑"及相关词源，查遍二十五史，统计概念数据和使用频率。为了建议编纂历时性汉语新词典，将《汉语大词典》与《牛津英语大词典》逐项进行对比研究，并具体说明新词典设想的内容。为了给新编《鲁迅全集》的标点符号体例提改进意见，竟将全集标点符号悉数加以分析统计。为了研究外语标点的历史发展，援引了 84 部外语文献，包括希腊、拉丁、英、德、俄、日、朝鲜七个语种，征引之广，学问之勤，令人钦佩①。这种上下左右古今中外求索的刻苦钻研精神，正是当今编辑亟须具备的精神。

6.1.3 严谨务实，周密论证

林穗芳的治学为文突出地显示了这个特点。他的研究文章，其观点、论据和材料无一处无来历无书证，其行文一字一句一个标点符号都经过推敲，可以说没有一处使用不当的字、词和标点符号。他的标点符号研究是严谨务实的一个实例。关于《标点符号用法》的 16 种标点和他补充的 8 种标点及一种间接安排，其正用和误用不仅有充分的说理佐证，而且有众多的具体实例证明，因而具有很

148

---

① 黄鸿森. 中外标点符号史综合研究的开山之作——读林穗芳著《标点符号学习与应用》［J］. 出版科学，2003（2）：96.

强的说服力。

6.1.4 重视规范，锐意创新

规范和创新是林穗芳在工作和研究中的又一个特点。对出版法律、法规和国家标准、规定等，他不仅深入学习和全面掌握，而且强调严格遵守和贯彻执行。他一再强调贯彻执行《标点符号用法》规定，遵守汉语拼音规范、数字规范和计量单位规范。同时，经过深思熟虑，又提出在这些方面的补充意见和建议。汉语拼音字符体式重归罗马体的建议，改进新版《鲁迅全集》标点体例的意见，新编历时性汉语新词典的设想，都是与时俱进、锐意创新的表现。

林穗芳具有的这些特点带有普遍意义，他的这些精神是每位编辑都应具备的。他是一位平凡的编辑，并不是高不可及，他能做到的人们经过努力应该可以做到。只是口头说说容易，做起来却难，始终坚持更难。林穗芳的可贵在于他已把这些精神贯穿并融汇于工作、学习和研究之中，成为一种自觉的行为准则。我们要学习林穗芳，就要在实践上下大功夫，长期坚持始终不渝。林穗芳坚持的这些精神，实际上是中华民族的优秀美德和中国编辑的优良传统在新时代的发扬光大。时代不同了，美德没有变，传统不能丢，一代又一代的编辑人没有理由不跟随老一代编辑人的足迹，沿着他们前进的道路继续行进。

6.2 林穗芳的主要贡献

林穗芳编辑研究的主要贡献，可以概括为以下四方面。

6.2.1 提出并论证编辑学科体系的一种基本框架

编辑学科体系包括编辑理论、编辑实务和编辑史三部分。林穗芳对编辑概念和相关概念、编辑范畴和基本规律、编辑实务和编辑史都作了深入研究，提出了独创性的见解。他为构建中国特色社会主义编辑学的学科体系做了许多奠基性研究，为中外编辑出版做了广泛深入的对比研究。他虽然未有写出系统的编辑学理论著作，但是他的研究成果实际上已经构成一种基本的理论框架，为今后研究打下了良好基础。

6.2.2　对编辑实务进行理论描述

林穗芳从理论与实践相结合的角度对编辑实务进行研究。编辑实务包括各个环节，各环节既相对独立又相互依存，具有严密的整体性。林穗芳研究了编辑工作的实质、起点和终点，各环节的定位、功能及其相互关系，并对其作了实践概括和理论描述。数字出版的出现，使编辑过程出现了许多新变化，但编辑的地位和作用没有变，各环节的功能、定位没有变，编辑整体性没有变，林穗芳的研究对于探讨数字出版条件下的编辑过程也具有启示作用。

6.2.3　深入阐述"学""术"与"规范"的辩证关系

编辑学是应用学科，既具学理性，又具操作性，还有严密的规范性。人们往往对此认识不足。林穗芳研究了"学""术"和"规范"三者的区别与联系，特别强调三者的统一性。他的研究也兼及这三方面，体现了理论与实际、规范与创新的结合。这对于全面认识编辑学科与编辑实践，提高编辑工作质量具有现实意义。对于数字出版，正确认识和处理三者的关系也十分必要。

6.2.4　研究和论述许多新见解

林穗芳的编辑学研究以富于创新性著称。综上所述可以看到他的许多新见解，如关于编辑概念的"两种编辑"观，关于编辑基本规律的"两个第一"原则，关于规范性与创新性和灵活性的结合，关于标点符号的理论和应用研究等等。这些见解有理有据，发人之所未发，对于深化编辑理论与实务研究和从事编辑实践，都具有启示和借鉴作用。

6.3 林穗芳研究的价值启示

6.3.1 林穗芳为新时代编辑树立了榜样

林穗芳由普通编辑走上编辑大家之路靠的是刻苦工作、勤奋学习和执著研究。今天的新时代，需要呼唤一支高素质的、成规模的、集传统与现代出版技术于一身的编辑队伍培养与成长，当代编辑需要学习老一辈编辑家的治学精神，做学者型编辑。一方面专注于编辑学，包括编辑学基础理论知识和编辑业务技能知识，将编辑工作实践经验加以理论性概括、升华，同时以科学的编辑学理论指导，发展编辑工作。另一方面要提升自身素养，包括政治素养、业务素养、知识素养、职业道德素养等，特别是面对新媒体飞速发展的今天，当代编辑要坚持读书学习，博览古今，积累深厚广博的知识，增强学术文化底蕴，形成正确的出版价值观和高尚品德，创作更优质的出版物。

6.3.2 传承林穗芳优秀编辑思想，坚定文化自信

自1950年从事编辑工作到去世的60年间，林穗芳倾心执着编书，潜心研究立学，精通16种外文，具有深厚的专业能力和丰富的编辑经验，他勤奋好学、锲而不舍、严谨务实的编辑思想本质上是中华民族的优秀品质与美德，中西贯通、锐意创新的编辑思想，体现了文化创新与文化自信。当代编辑要继承像林穗芳这样老一辈编辑家的精神，既要扎根于新时代中国特色社会主义伟大实践，还要根植于中华优秀传统文化，引领文化自信，促进世界文明交流，努力构建新时代中国特色编辑学学科体系，推动中国传统文化创造

性转化、创新性发展。

文化自信是编辑担负起新的文化使命的必然选择与归宿，也是新时代对编辑核心竞争力提出的新要求。我们呼唤像林穗芳这样的编辑，这是我国出版事业和出版产业繁荣发展之本，也是促进编辑文化自信的应有之义。

6.4 林穗芳研究的不足

林穗芳主要从事传统出版物特别是图书的编辑工作，由于时代和实践局限，研究中也存在一些不足。

6.4.1 缺乏对新兴媒体的研究

林穗芳对传统出版物编辑工作的研究虽然对数字出版也具启示作用，但新兴媒体终究具有不同的特点，其编辑过程和方法等与传统出版物存在差异。林穗芳缺乏数字出版实践，晚年做了国外电子编辑和电子出版的研究，但多是引述介绍，缺乏理性认识和实践描述。假以天年，他或许会加强这方面的研究，但不幸去世，留下遗憾。

6.4.2 翻译读物编辑工作研究薄弱

林穗芳从事翻译读物编辑工作时间较长，实践经验比较丰富，对英语翻译工作做过研究，对其他外语的翻译编辑工作成果不多。许多翻译书稿档案未及整理，处于原始的资料状态。他生前曾借阅一些书稿档案，准备撰写译稿编辑研究文章，也因突然去世未能如愿。不过已有研究中也包含一些有价值的见解。

6.4.3 有些观点还有待实践检验

林穗芳提出了许多有价值的见解，有些经过实践检验，得到学

界业界认同，随着时代的变化和实践的发展，有的观点有待进一步
接受实践检验。如"两种编辑"观，其基本观点认为编辑学只能
研究专业工作即出版工作一部分的编辑，而网络条件下编辑工作出
现了很大变化，编辑和作者的界限已趋淡化，编辑和编辑活动已不
完全是一种出版的专业活动，如何区分"两种编辑"已显得比较
困难。但林穗芳在"两种编辑"观研究中显现出的研究态度和逻
辑方法仍然是值得肯定的。

附录1：林穗芳著作年表（1979—2009）

（说明：本表绝大部分为林穗芳已发表的著作，少部分为未刊稿，包括审稿意见、会议发言和来往信件，均按发表和写作时间先后排列。除一篇会议发言为1964年外，其余发表和写作时间均为1979—2009年。《林穗芳自选集的编选说明及目录》中有部分未刊稿，其中有原稿的编入年表，没有找到原稿的未编入。）

一九六四年

1. 我自学外文的体会

——1964年夏在中国科普协会组织的一次报告会上的发言

1964年夏，未刊稿

一九七九年

2.《铁托选集》（四卷本）中文版选题报告和编选翻译方案

1979年，未刊稿

摘自书稿档案。

一九八〇年

3. 比较·鉴别·探讨

——1979 年夏参加中国出版代表团访英观感

1980 年第 13、14 期《求精》

从《英国出版业》汇报材料中摘录补充而成。原作收入国家出版局办公室 1979 年 8 月编印的《中国出版代表团访英考察报告》。

一九八一年

4. 谈谈外书编辑的业务学习和工作问题

1981 年第 3 期《编创之友》

包括提高中文水平、掌握外文工具、加强专业学习和业务学习、提高翻译书籍质量、审查译稿五方面的问题。

一九八二年

5. 介绍一本有用的工具书

——《马克思主义、社会主义和共产主义词典》

1982 年第 2 期《国际共运教研参考》

作者关于该书中译本的选题报告，摘自书稿档案。

一九八三年

6. 英国韦尔斯《世界史纲》中译本选题报告和译稿审读意见

中译本 1983 年出版，未刊稿

摘自书稿档案。

一九八四年

7. 列宁和社会主义出版事业

1984 年第 2 期《编创之友》

列宁逝世 60 周年前夕撰写，包括列宁提出的出版工作指导方针，苏维埃出版事业的创建，把宣传马克思主义放在首位，系统整理出版优秀文化遗产等十个方面。

8. 英国兰格《世界史编年手册》（近代部分）修改意见

1984 年 12 月 18 日，未刊稿

原著 1972 年出版，随后组织翻译，《现代部分》于 1978 年出版，古代和中世纪部分于 1981 年出版。《近代部分》交稿时间一再推迟，1984 年交来部分译稿退改后仍未达到出版要求，最后决定不采用。这是 1984 年的一次退改意见，摘自书稿档案。

一九八五年

9. 苏联出版业的近况和改进我们出版工作的几点建议

1985 年第 2 期《出版与发行》

一九八六年

10. 编辑的语文学习和进修

载 1986 年人民出版社出版《编辑工作二十讲》

这是该书第七讲。强调说明编辑要具备中国语文修养和掌握外语。中国语文修养方面要求文字根底扎实，具备消灭错别字的能力；具有一些古诗文修养；懂语法、逻辑、修辞；熟练掌握汉语拼音方法；正确使用标点符号；有一定写作能力。外语学习方面，讲了语种的选择，打基础的方法，学习的难点和重点，掌握实用的语言知识，学习利用工具书等。

11. 翻译书籍编辑问题浅探

1986 年第 3 期《出版与发行》

1985 年全国首届出版科学学术讨论会论文。讨论了翻译书籍的选题、组稿、审稿、加工整理及翻译书籍编辑人员的选拔和培养问题。

12. 关于英语倍数的译法问题

1986 年第 3 期《中国翻译》

概括英语 times 的翻译规则，times 有"乘"和"除"两种意义，用于增加或强比较是"乘"或"倍数"，用于减少或弱比较是"除"和"分数"。一种意思可以有多种表达方式，但万变不离其宗。N times 用于增加或强比较是"基数×N"，意为"增加到 N 倍"或"为……的 N 倍"；用于减少或弱比较是"基数÷N"，意为"减少到 N"或"为……的 1/N"。

157

一九八七年

13. 关于图书编辑学的性质和研究对象

1987 年第 2 期《出版发行研究》

1986 年第二届全国出版科学学术讨论会论文。文章提到编辑学的性质，是出版学的一个分支，是一门综合性、边缘性和应用性学科，主要从属于社会科学。关于编辑学的研究对象，讲了编辑含义，编辑工作的中心环节，编辑工作的实质，防止研究范围过窄和过宽两种偏向。

14. 从出版社看社科翻译

1987 年 10 月，未刊稿

1987 年 10 月在贵阳全国第一届社会科学翻译经验交流会上的发言稿。

15. 列宁和编辑出版工作

1987 年 11 月中国书籍出版社出版

全书 28 万字，系《出版知识丛书》之一。包括二编 12 节，第一编为列宁在苏维埃时期对书刊出版工作的指导，第二编为列宁的编辑艺术和修养。另有附录和索引。1989 年本书获全国出版理论优秀图书奖。

一九八八年

16. 图书编辑工作的本质、规律及有关问题

1988 年第 1 期《出版发行研究》

讨论图书编辑工作的本质，着重阐述图书编辑工作的基本规

律，基本规律的表述为："以社会效益为最高准则，以准确而全面的评价为基础，组织、选择、加工稿件以供出版。" 1991 年本文获全国出版科研优秀论文奖。

17. 谈谈书籍辅文

1988 年第 3 期《编辑学刊》

包括识别性辅文、说明和参考性辅文及检索性辅文三部分。

18. 书籍辅文和出版文化

1988 年第 4 期《编辑学刊》

强调书籍辅文的重要，要把辅文配合好，重要的是提高编辑文化素养。

一九八九年

19. 美国出版业简况和关于我国出版改革的几点设想

1989 年第 4、5、6 期《出版发行研究》

内容参见《美国出版业概况》。

20. 东欧八国政治和历史著作译稿修改意见

1980 年代，未刊稿

包括对波兰文、保加利亚文、德文、捷克文、罗马尼亚文、南斯拉夫塞尔维亚文和匈牙利文译稿的修改意见，摘自书稿档案。

21. 西欧四国政治和历史著作译稿修改意见

1980 年代，未刊稿

包括对伊巴露丽《热情之花回忆录》《建设法国色彩的社会主义》《意大利共产党历史》和意共代表大会文件集和《希腊共产党历史》译稿的修改意见，摘自书稿档案。

一九九○年

22. 明确"出版"概念，加强出版学研究

1990 年第 6 期《出版发行研究》

讨论"出版"概念、中国和世界出版业的开端，以及出版学的性质和研究范围几个问题。

23. 编辑加工

载 1990 年 8 月东方出版社出版《编辑工作基础教程》

戴文葆主编《编辑工作基础教程》的第四章，约 4.5 万字。包括为什么需要加工整理、编辑加工的方式方法、内容方面的加工、形式方面的加工、技术性加工、辅文和图表的处理、编辑加工的过程、文责自负和编辑加工的关系、把好质量关和减轻加工负担，共 9 部分。

24. 对《麦克米伦英语词典》台湾版部分译稿的修改意见

1980—1990 年，未刊稿

一九九一年

25. 美国出版业概况

载 1991 年中国书籍出版社出版《世界出版业概览》

在原《美国出版业概况》基础上与 1989 年第 4、5、6 期《出版发行研究》刊出的《美国出版社简况和关于我国出版改革的几点设想》合成，并作了较大修改，约 4 万字。内容包括从数字看美国出版业的成长，各种类型的出版机构，出版社的结构和管理，图书类型和结构，各类图书销售额，各种销售渠道及所占市场份

额，图书发行折扣，连锁书店和超级书店的大发展，新技术的应用与新媒介的生产和销售，退货问题。

26. 世界各时期图书产量的初步统计和分析

载 1991 年中国书籍出版社出版《世界出版业概览》

综合各种资料，统计世界各时期图书产量，并附九个列表。

27. 首都二十家报纸编校质量评比结果综述

1991 年 5 月 18 日《新闻出版报》

综述差错表现，分析原因。

28. 对《林肯传》中译本编辑工作的回顾

1991 年第 5 期《中国出版》

总结编译卡尔·桑德堡著《林肯传》在选题策划、组稿和审读加工方面的具体做法和经验。为了助读，林穗芳为该书加了 300 条评注。

一九九二年

29. 从全国报纸抽查评比结果看语言文字规范化问题

1992 年第 1 期《语文建设》

30. 三十家省报编校质量评比结果综述

1992 年第 2 期《当代传播》

1992 年 2 月 7 日《中国新闻出版报》

综述用字、词义、语法修辞、数量词和计量单位，以及方言、文言、惯用语、缩略语、汉语拼音和外文等方面的差错，并分析原因。

31. 使像样的译本多起来

——谈谈出版社对翻译出版外国政治学术著作的要求

1992 年第 3 期《编辑之友》

包括关于选题问题、对译文的要求、开展翻译编辑学习研究三部分。

32. 编辑要认真核对引文

1992 年第 5 期《出版发行研究》

列举实例说明核对引文的重要及应注意之处。

33. "水平"没有好坏之分

1992 年第 11 期《语文建设》

参加《语文建设》讨论，认为水平没有好坏之分，只有高低之别。

一九九三年

34. "书籍"的词源和概念

1993 年第 1 期《编辑学刊》

讨论中国、朝鲜、越南、日本、印尼、古埃及和苏美尔、希腊、罗马、德、英、法、阿拉伯、梵文中"书籍"的词源，以及书、书籍和图书概念的异同。

35. 中外语言倍数表达方式的不同特点

1993 年第 6 卷第 1 期《中国科技翻译》

在 1989 年《中国翻译》发表《关于英语倍数的译法问题》基础上，阐述中外语倍数表达方式的不同特点。汉语同英语有共同的"增加到 N 倍"的提法，还有一种常用的说法"增加 N 倍"为英语所无。两种说法表示的数值相差一倍。文章详细说明两种说法含义的不同和翻译时应注意之处。

36. 借鉴美国发行经验，克服出版行业"经盲"现象

1993 年第 2 期《出版发行研究》

1929 年美国爆发严重经济危机，欧文信托公司副总裁切尼在一份报告中提醒出版界要克服"经盲"，即对经济的无知现象。林穗芳认为我国也要注意此问题。

37. "杂志"和"期刊"的词源和概念

1993 年第 2 期《编辑学刊》

指出中文"杂志"一词源出日本。"期刊"概念的产生比报纸和杂志晚得多。我国通常把杂志和期刊作为同义语，但它们的用法不是毫无区别，如杂志一词可作期刊的名称，期刊则不能作杂志的名称，期刊按广义的用法可包括报纸，杂志则不能。

38. 一个普通被忽视的问题
——谈谈给中文书刊名称加注汉语拼音
1993 年第 2 期《出版科学》

国家标准规定中文书刊名称应加注汉语拼音，但许多中文书刊并未执行这一规范，或者不加，或者拼音拼写不规范，如没有按词连写，漏加隔音符号，不遵守大小写和分行规则，汉语拼音不完整等。

39. 社会主义市场经济与编辑出版工作琐议

1993 年第 5 期《出版发行研究》

阐述与图书市场经济有关的几个问题，如图书的本质属性，图书本质上是精神产品等。

40. 提高编校质量 消灭报纸差错
——写在我国报纸编校质量三次抽查评比之后
载 1993 年 6 月中国书籍出版社出版《书报刊文字差错评析》

继前两次报纸编校质量评比之后，又对 33 家计划单列市和省会城市党委机关报纸编校质量进行了评比，总结三次评比，写了这篇综述，从 11 个方面详细论述提高报纸编校质量问题。共 4 万字。

41. 关于加速我国图书出版业现代化问题

1993 年第 10、11 期《中国出版》

谈两方面的问题，一是编印发的现代化思考；二是创新求精，提高质量，改善品种结构。

42. 中外专家学者谈出版与出版业的发展

——第六届国际出版学研讨会论文观点摘编

1993 年第 11 期《中国出版》

一九九四年

43. 编辑的首要职责是什么？

1994 年第 1 期《出版科学》

以隋祥笔名发表。认为把好质量关是编辑的首要职责，包括怎样看待"适销对路"问题，编辑要不要"看稿""把关"，编辑的首要职责和素质要求。

44. "编辑"和"著作"概念及有关问题

1994 年第 1 期《编辑学刊》

讨论"编辑"概念和"著作"概念的异同，提出"作品编辑"和"出版社编辑"两个概念，认为作为著作方式一种的"编辑"和作为出版工作一部分的"编辑"代表不同的概念。

45. 提高报纸质量须注意的一些问题

——向《深圳商报》汇报检查结果的发言稿

1994 年第 2 期《深圳商报通讯》

46. 中华文化建设的一项基本工程

1994 年第 3 期《中国出版》

围绕汉语大字典、汉语大词典、中国大百科全书出版，从形体、语言、词义方面讨论存在的问题。

47. 对《中国文化西传欧洲史》译稿的复审意见

1994 年第 4 期《出版科学》

原译稿经初审，认为基本可用。林穗芳复审，对照原文审读部分译稿，并翻阅其他处，发现大量问题，认为译稿只作小改不可能达到出版水平，需要逐字逐句对照原文仔细校订，校订者最好由译者自己找合适的人。复审意见列举了对照原文审读发现的问题并提出改进建议。

48. 诺贝尔文学奖的启示

1994 年第 5 期《中国出版》

以美国克诺普夫出版公司的作者中有十八位诺贝尔文学奖得主说明它提供了一个在市场经济条件下社会效益和经济效益很好结合的范例。

49. 试论独立的编辑职业的形成

1994 年第 6 期《编辑学刊》

讨论中国古代和古埃及、罗马出版业编辑活动中的一些情况，提出近代编辑工作作为一种独立的社会职业始于 16—17 世纪的欧洲报刊。王韬是我国近代编辑出版业的先驱，概括地说，编辑工作在我国是鸦片战争以后至五四运动以前逐渐形成一种独立的社会职业。

50. 明确基本概念是出版科学研究的重要课题

载 1994 年 10 月高教出版社出版《第六届国际出版学研讨会论文集》

包括"书籍"的词源和概念、把中国的杂志（期刊）同英语的 magazine 区别开来、出版学和出版概念、编辑学和编辑概念四部分。

51. 出版物 印刷品 图书 小册子 管理编辑或执行编辑（外国） 高级编辑（外国） 组稿编辑（外国） 审稿编辑（外国） 加工编辑（外国） 生产编辑（外国） 助理编辑（外国） 编务助理或编务秘书（外国） 文稿经纪人 图书生产承包商

载 1994 年 12 月中国书籍出版社出版《编辑实用百科全书》

以上是为《编辑实用百科全书》写的词条，共 14 条。

一九九五年

52. 图书差错与编辑培训

1995 年第 1 期《编辑之友》

综述二十家出版社二十三种图书编校质量抽查结果，由此谈及编辑培训的必要。

53. "减少若干倍" 商兑

1995 年第 1 期《语文建设》

中外文都无"减少若干倍"的说法，一些文章中的类似提法是一种误译。

54. 责任编辑的主要职责

——西方组稿编辑重选题组稿轻审读加工吗？

1995 年第 4 期《编辑学刊》

阐述责任编辑名称的来源，我国责任编辑的职责。西方组稿编辑第一位的任务是购买书稿，另外设有文字编辑负责文字加工。组稿编辑要对委托别人按照自己要求进行文字加工的质量负责，对文字编辑加工过的稿件要进行检查，解决所提出的问题或转请作者解决。

55. 关于出版改革实际步骤的两点设想

1995 年第 4 期《出版科学》

在改革出版体制中有两个实际步骤可以采取，一是加强出版信息管理与服务工作，二是建立和发展超级书店。

56. 注意内外有别

——涉及台港澳的一些用语和提法问题

1995 年第 4 期《新闻之友》

57. 建立和发展超级书店

1995 年第 5 期《出版发行研究》

借鉴连锁超级书店经验，建议在省会城市和计划单列市建立超级书店。

58. 翻译读物

载 1995 年 6 月中国书籍出版社出版《实用编辑学》

《实用编辑学》为《出版知识丛书》之一，除前言外，全书共包括 24 章。本文为林穗芳写的第 23 章，讨论了翻译读物的选题、组稿、审稿、加工整理和翻译书籍编辑人员的修养问题。

59. 做好编辑学理论研究的奠基工作

1995 年第 6 期《编辑学刊》

着重谈编辑概念，包括两种"编辑"和古今"编辑"、"编著合一"不属于编辑活动、今古"出版"概念怎样才能保持一致三方面的内容，认为目前需要解决的问题是弄清作为一门现代学科的"编辑学"中"编辑"的含义，以明确编辑学研究的对象，做好编辑学理论的奠基工作。

60. 书刊名称汉语拼音拼写要规范化

1995 年第 7 期《中国出版》

指出书刊名称汉语拼音拼写不规范的种种表现，列举应注意之处。

61. 谈谈图书出版统计标准化问题

1995 年第 15 期《出版参考》

为了明确概念，与国际接轨，建议我国图书出版统计分为初版（不包括修订再版）、重版（限于版次变更）和重印三类。

一九九六年

62. "原""前"用法例析

1996 年第 1 期《新闻之友》

63. 美国图书批发商的竞争方式

1996 年第 1 期《新闻出版天地》

介绍美国英格拉姆图书公司的经营方式。

64. 认真学习和贯彻新颁布的两项国家标准

——《标点符号用法》和《出版物上数字用法的规定》

1996 年第 2 期《出版科学》

《标点符号用法》和《出版物上数字用法的规定》经修改后重新颁布于 1996 年 6 月 1 日起实施。文章分别介绍了两项国家标准修订的内容。

65. 互联网络与出版业的新发展

1996 年第 2 期 《编辑之友》

包括三部分：互联网的由来、发展规模和服务方式；出版发行的新工具：环球网；促进我国联机出版业的发展，加强出版发行信息的服务。

66. 关于"编辑学"国际用语定名问题的通信

1996 年第 2 期 《编辑之友》

系同《编辑之友》编辑部孙琇的通信，共三封，林穗芳写的信有两封。林穗芳的第一封信写于 1995 年 11 月 29 日，引述美国克利夫兰旗帜报关于林穗芳于 1986 年创用"编辑学"国际用语（Redactology）报道，并附英国剑桥国际传记中心编《国际知识分子名人录》第 10 版（1993-1994 年度）中的林穗芳条目（摘录），条目中有关于国际用语的内容。第二封是翁永庆写于 1996 年 3 月 11 日，介绍丁光生教授于 1984 年创用"编辑学"国际用语（Editology）的情况，说明在互不通洽的情况下，两位学者各自独立地提出了"编辑学"一词的英语用语。林穗芳的第二封信写于 1996 年 1 月 30 日，谈了对使用 Editology 用语的看法。

67. 要正确使用祖国语言文字

1996 年第 6 期 《出版发行研究》

针对常用词语用法混乱现象，谈正确使用语言文字。

68. 美国超级书店大发展

1996 年第 14 期 《出版参考》

介绍 1994 年和 1995 年美国超级书店销售情况。

69. 书报刊名称要使用规范字

1996 年 12 月 20 日 《新闻出版报》

一九九七年

70. "通讯"与"通信"的区别

1997 年第 1 期《语文建设》

"通讯"与"通信"含义一样，现在用法混乱，主张用"通信"代替"通讯"。

71. 标点的概念和汉语标点系统的特点

1997 年第 3 期《编辑学刊》

说明我国古代"标点"的词源和汉语标点系统的特点。

72. 汉语"标点"的词源和历史演变

1997 年第 4 期《编辑学刊》

包括"句读""圆点"和"标点"的词源、早期的标点、唐宋及清中叶的标点、清末至民国时期的标点和新中国成立后颁行的《标点符号用法》。

73. 外语"标点"的词源和历史演变

1997 年第 4 期《编辑学刊》

包括古希腊标点、中世纪英语标点、德国《四十二行圣经》印刷本标点、西方新式标点系统奠基人马怒提乌斯的标点、印刷业初创时期至 18 世纪的英语标点等。

74. 标点的词源和概念

——兼论建立独立的标点学科的必要性

1997 年第 4、5 期《语文建设》

包括词源和新式标点的采用、"标点"的概念、关于建立独立的语言学科"标点学"三部分。

75. 重在树立精品意识

1997 年第 5 期《新闻出版天地》

针对"两多一少"（图书差错多、平庸书多、可供书品种少）问题，强调树立精品意识。

76. 编辑学和编辑史中的"编辑"概念应当保持一致

——兼论开展编辑模式历史比较研究的必要性

1997 年第 6 期《编辑学刊》

认为"编辑"的古义和今义不同，不能用古义来写作为现代科学的编辑学或编辑史。文章详述文艺复兴时期意大利人文主义学者阿尔杜斯·马怒提乌斯及其创办的阿尔丁出版社。马怒提乌斯生活的时代相当于我国明代中叶，那时印刷出版业在西方还处于初创时期，而我国已有几百年历史。然而我们对我国积累的有关编辑活动的史料至今仍然知之甚少。应转变观念，从官府馆阁转到多发掘民间出版机构的编辑活动。

77. 编辑工作的中心环节是什么？

1997 年第 6 期《编辑之友》

针对选题策划是编辑工作中心环节的说法，重申审稿是编辑工作中心环节的观点。

78. 喜读《科技与出版》

1997 年第 6 期《科技与出版》

171

79. 重要的是勤学习严要求

1997 年第 7 期《中国出版》

列举语言文字规范化必须学习遵守的国家标准和有关规定。

80. 再谈图书出版统计标准化与国际接轨问题

1997 年第 17 期《出版参考》

重申《谈谈图书出版统计标准化问题》所提建议。

81. 世界最大的书店在何处？

——英美书商的网络战

1997 年 8 月 17 日《新闻出版报》

一九九八年

82. 出版业发展不可缺少的信息工具——在版书目

1998 年第 1 期《科技与出版》

介绍各国在版书目情况，说明在版书目种数是比新书种数更重要的衡量指标，我国在这方面存在很大差距，建议编制全国在版书目，促进出版管理现代化。

83. 杰出的编辑出版家马怒提乌斯和阿尔丁出版社

1998 年第 1、2 期《出版科学》

详细介绍文艺复兴时期意大利杰出的编辑出版家马怒提乌斯和他主办的阿尔丁出版社的管理模式与经营模式，以及对西方出版业的贡献与影响。

84. 赶超世界先进水平的说法能成立吗？

1998 年 3 月 29 日《语言文字报》

85. "减少三倍"怎样换成分数

1998 年 5 月 31 日《语言文字报》

86. 不该误解"海外"的内涵

1998 年 6 月 11 日《新闻出版报》

87. 中外编辑出版研究

1998 年 6 月华中师范大学出版社出版

论文选集，包括 1980 年至 1995 年有关中外编辑出版研究的论文 22 篇。

88. 关于 “著作” 概念和著作方式的历史发展

载于 1998 年 6 月陕西教育出版社出版《编辑学研究文集》

包括 “著作” 概念的产生与词义的演变、著作方式、区分古代著作活动与编辑活动三部分。

一九九九年

89. 撰写和完善《编辑学理论纲要》需要探讨的一些问题

1999 年第 1 期《出版科学》

就撰写《编辑学理论纲要》提出意见，提出要明确编辑学的性质和学科定位，划分编辑科学知识结构的基本模式，提供编辑学研究的方法论，概括编辑学的基本范畴和基本模式，重视现代信息技术引起编辑思想和编辑方式的新变化。

90. 也谈无标点作品

——从《尤利西斯》说起

1999 年第 3 期《编辑之友》

《尤利西斯》在最后第 18 章中表示意识流主要靠文字，不是靠标点。这章没有使用标点，但保留了分段、词与词间接安排和大小写等标点手段，因此还是能看懂。作者的目的在于造成新颖感和加深阅读难度，使作品不落俗套，耐人寻味，从而引起读者对他的写作风格的注意，获得某种社会效应。

91. 口径 2 厘米的武器是枪还是炮

1999 年 6 月 6 日《语言文字报》

92. 连接号用法例析

1999 年第 4 期《出版科学》

说明一字线连接号、二字线连接号、半字线连接号、连字符（短语）、浪纹连接号的用法，以及连接号的误用。

93. 为书籍编制索引，是编辑应尽的职责

1999 年第 13 期《出版参考》

结合实例说明图书编制索引的重要和必要。

94. 编辑索引：哪些工序电脑可以代劳

1999 年第 23 期《出版参考》

根据个人经验，介绍使用电脑编制索引的方法。

95. 书籍辅文及附件加工

1999 年 10 月 12 日，未刊稿

北京印刷学院出版系授课提纲。

96. 对《汉语多用词典》的审读意见

1999 年 12 月 14 日，未刊稿

在科学性、规范性、时代性、独创性方面存在不同程度的缺陷。建议大改才能出版。

97. 关于《英语西方哲学词典》部分校样抽查结果的报告

1999 年 12 月 20 日，未刊稿

二〇〇〇年

98. 标点符号学习与应用

2000 年 1 月人民出版社第 2 版

分三篇，共 30 万字。第一编标点概说。第二编中外标点的历史比较。第三编标点符号的用法。

99. 对《东方汉语词典》部分词条的审读意见

2000 年 1 月 10 日，未刊稿

100. "编辑"的编辑学定义

2000 年 3 月 3 日《新闻出版报》

论述《辞海》新版对"编辑"定义的修改在编辑学上的意义。

101. 编辑学座谈会上的发言稿

2000 年 3 月 11 日，未刊稿

102. 国外出版业的发展趋势和我们的对策

2000 年第 2 期《出版广角》

主要讨论连锁超级书店、按需印刷、网络销售、数字出版等问题。

103. 引号的由来

2000 年第 2 期《语文建设》

说明西式（横式）引号和日式（直式）引号的由来。

104. 编辑加工作业题答卷评析

2000 年第 2 期《出版科学》

175

系 1999 年 11 月新闻出版署教育培训中心举办的编辑岗位培训班讲编辑加工课的作业题考核，课后根据答卷对考核结果逐题加以评析。

105. 编辑学研究深化的可喜成果

——读徐柏容先生的近著《编辑创意论》

2000 年第 4 期《出版科学》

肯定徐著对编辑学研究的创造性贡献，同时提出编辑创意与作者创意既有联系又有区别。如果能对两种创意的界限、联系与区别作更详细的论述，则可以加深读者对编辑创意的理解。

106. 关于标点理论和汉语标点特点的一些问题

2000 年 8 月，未刊稿

讨论了标点学的学科定语、标点的对象和层次、现代汉语标点系统的特点几个问题。

107. 致徐柏容信

2000 年 9 月 3 日，未刊稿

对徐柏容《编辑结构论》的意见。

108. 学习、研究和写作——我的一些体会和看法

2000 年 12 月 13 日向北京印刷学院出版系学生的讲谈，未刊稿

二〇〇一年

109.《国家通用语言文字法》与编辑出版工作

2001 年第 1 期《出版科学》

《中华人民共和国国家通用语言文字法》于 2000 年 10 月 31 日经第九届全国人大常委会第十八次会议审议通过，2001 年 1 月 1

日起施行。文章阐述了《国家通用语言文字法》的基本内容，联系编辑出版工作实际，谈语言文字规范化的重要性。

110. "编辑"词义从古到今的演变

2001 年第 2、3 期《编辑学刊》

包括四部分：1）"编辑"及有关词语在二十五史中的使用频率；2）"编辑"从产生到清末的使用情况；3）"编辑"如何演变成为表示近现代新闻出版工作一个基本环节的用语；4）"编辑"词义和编辑出版学研究。

111. 汉语拼音阳平符号以什么体式为准

2001 年第 3 期《出版科学》

《汉语拼音方案》规定阴平、阳平、上声、去声四种声调符号，其中阳平符号规定用下粗上细的提号，而所用示例却是上粗下细的撇号，有些出版物则提号、撇号混用，文章提出应按照《汉语拼音方案》规定使用提号。

112. 英语移行规则和差错辨析

2001 年第 3 期《科技与出版》

讨论了英语移行规则及移行差错和问题辨析。

113.《出版物标点符号规范用法》的讨论

林著《标点符号学习与应用》出版后，高东升写了八封信提出意见，林穗芳于 2000 年 9 月 7 日、9 月 23 日、10 月 20 日、11 月 7 日、12 月 2 日、12 月 19 日和 2001 年 2 月 23 日、3 月 21 日复信，讨论了出版物标点符号的规范用法（未刊稿）。

114. 致刘光裕信

2001 年 4 月 21 日、4 月 24 日、6 月 4 日、6 月 21 日、7 月 27 日致信讨论刘著《中国古代出版史》提纲（未刊稿）。

115. 对我国编辑学理论研究深化的重大贡献
——喜读阙道隆《编辑学理论纲要》

2001 年第 4 期《出版科学》

分析《编辑学理论纲要》内容，肯定它在编辑学研究上的进步和重大贡献，同时提出《纲要》的"广义编辑"的外延难以明确界定，以此作为研究对象能否建立一门独立学科有待进一步探讨和经受实践检验。

二〇〇二年

116. 编辑基本规律新探

2002 年第 2 期《出版科学》

对 1987 年乌鲁木齐会议的表述作再探索，提出以多媒体为内象，涵盖各种传媒编辑活动的基本规律新表述，并对新表述作了阐释。

117. 对《图书编校质量差错认定细则》商榷稿的一些粗浅意见

2002 年 4 月 21 日，未刊稿

118. 关于《世界版权公约》"出版"定义的译法问题

2002 年第 7 期《出版参考》

作者原来有一个译法，文中对旧译作了更改，译文为"本公约所用'出版'一词，系指作品以有形形式复制，并把复制件向公众发行，使作品能供阅读或观赏"，并说明更改原因。

119. 古希腊语和现代希腊文字规范的一些基本知识

2002 年 6 月 22 日，未刊稿

为一本校对培训教材而作。

120. 提高编校质量：问题和措施

2002 年第 11 期《中国出版》

根据全国良好出版社图书编校质量检查情况，谈编校质量存在问题及改进措施。

121. 拉丁语文字规范的一些基本知识

2002 年，未刊稿

为一本校对培训教材而作。

122. 一部内容最丰富的汉语标点通史力作

——《汉语标点符号流变史》读后

2002 年，未刊稿

二〇〇三年

123. 英语文字规范的一些基本知识

2003 年第 1 期《出版科学》

共分四部分：大小写字母的使用，斜体字的使用，英语文献著录的格式和字体，移行规则。

124. 俄文字母用拉丁字母转写办法

2003 年第 1 期《科技与出版》

介绍俄文用拉丁字母转写的四种标准。

125. 有关出版史研究的几个问题

2003 年第 2 期《出版史料》

包括四部分：汉语"出版"一词的本义和词义的发展，古代出版活动始自何时，"公之于众"能否作为"出版"的定义，甲骨、卜辞、金石文、简册、帛书是不是出版活动。

126. 重学术·重规范·与时俱进
—— 《出版科学》的基本特色

2003 年第 3 期 《出版科学》

根据审读《出版科学》的材料，总结其办刊特点。

127. 致黄伯荣信

2003 年 7 月 28 日，未刊稿

对黄著《现代汉语》增订第三版《标点符号》一节修订稿的审读意见。

128. 了解当代翻译家、从事译著研究的必读书
—— 《巴列塔文丛》读后

2003 年第 4 期 《出版科学》

《巴列塔文丛》是湖北教育出版社出版的当代翻译家文集，包括方平、屠岸、董乐山等 12 人。文章评述这套文丛的出版具有重要意义。

129. 《出版专业基础知识（初级）》2003 年版审阅意见

2003 年 12 月打印稿

对全国出版专业职业资格考试辅导教材《出版专业基础知识（初级）》初稿逐章审阅提出具体意见。

130. 《林穗芳自选集》的编选说明及目录

2013 年第 6 期 《济南大学学报》

2003 年林穗芳自选了一本论文集，包括编选说明。目录选辑文章 90 篇，74 万字，分为理论探索、出版工作研究、翻译书编辑工作、辞节编纂和稿件审核、书籍辅文和附件、语言文字规范问题、出版物编校质量和编辑培训、外国出版业研究、附录九部分，作者去世后于 2013 年发表。

二〇〇四年

131. 论策划编辑制及有关问题

2003 年第 6 期、2004 年第 1 期《河南大学学报》

介绍西方和苏联图书出版社的不同编辑工作模式，建议以审稿为编辑工作的中心环节，把发稿前的编辑过程分为选题原则、内容开发和文字加工三个阶段。

132. 关于编纂历时性汉语新词典的设想

——基于中外一些语文词典比较借鉴

2004 年第 1、2、3 期《出版科学》

包括 8 部分，计 6 万字：1）关于收字范围、字形和字体；2）关于注音；3）关于选词立目；4）关于词源；5）释义和例证；6）年代标示法；7）充实例证数据库，具体交代引例出处，书末附引文目录；8）编纂历时性汉语新词典的意义和工作方式。

133. 关于《〈现代汉语规范词典〉释义求疵十二则》读后的粗浅想法

2004 年 6 月 24 日，未刊稿

致黄鸿森信。黄写了《〈现代汉语规范词典〉释义求疵十二则》，这是林穗芳的读后意见。

134. 书籍编辑学概论

2000 年 9 月辽海出版社出版，2004 年 8 月修订 2 版

阙道隆、徐柏容、林穗芳合著。新闻出版署编辑出版教材领导小组指导下的编辑专业高校教材之一种。全书 18 章，林穗芳撰写了第二章书籍，第三章编辑工作，第七章审稿与选择，第十三章编辑加工，第十四章发稿、校对和样书检查，第十八章书籍编辑工作

现代化展望，共 6 章。

二○○五年

135. 电子编辑和电子出版物：概念、起源和早期发展

2005 年第 3、4、5 期《出版科学》

包括 7 部分，计 6 万字：1）电子编辑和电子出版概念；2）电子出版物的概念和类型；3）电子编辑出版的起源；4）世界最早的电子出版物《化学题录》和早期的电子期刊；5）电子书籍的源流；6）早期的电子报纸；7）中国早期的电子出版物。本文获中国编辑学会科研成果一等奖。

二○○六年

136. 关于《汉语拼音方案》的推行及其字体的应用问题

2006 年第 1 期《语言文字运用》

二○○七年

137. 加强电子编辑理论和实践的研究，大力培养电子学术编辑人才

2007 年第 2 期《中国编辑》

包括研究电子文本编辑发展史、有重点地开展电子学术编辑的个案研究、大力培养电子学术编辑人才三部分。

138. 新版《鲁迅全集》标点问题和改进编辑工作的建议

2007 年第 3、4 期《出版科学》

分析 2005 年版《鲁迅全集》标点存在的问题，主要是标点体例混乱，导致标点使用失范，提出改进标点体例的建议。

二〇〇八年

139. 汉语拼音字符体式：历史演变和制定国家标准的建议
2008 年第 6 期《编辑之友》

在 2001 年发表《汉语拼音阳平符号以什么体式为准》一文基础上，全面阐述汉语拼音字符体式，主张依照一届全国人大五次会议通过的 1958 年颁行的《汉语拼音方案》，以罗马体为准，改变一些出版物用哥特体代替罗马体的混乱状况。

二〇〇九年

140. 林穗芳读刊来信
（1993 年第 1 期至 2000 年第 4 期）

《出版科学》档案资料（1993—2009），《出版科学》编辑部 2009 年 12 月

林穗芳从 1993 年至 2000 年参与《出版科学》成品检查，从思想性、政治性到语言文字、语法修辞、标点符号乃至格式规范方面逐期提出检查意见和改进建议。这是他八年来信的结集，计 7 万字。

附录 2：林穗芳自选集的
编选说明及目录

（说明：本文为《林穗芳自选集的编选说明及目录》
原文，是林穗芳留下的谈论自己学术作品的珍贵资料，具
有极高的研究价值。文章写于 2003 年，发表于《济南大
学学报（社会科学版）》2013 年第 23 卷第 6 期。通过这
篇文章，可以系统了解林穗芳对编辑学理论和实际作出的
重要贡献，也能从中窥见他在学术研究上的严谨与创
新。）

编 选 说 明

收入选集的主要是 20 世纪 70 年代以来我所写的有关编辑出版
方面的文章和职务作品（选题报告、书稿审读加工意见之类），分
理论探索、出版工作研究、翻译书编辑工作、辞书编纂和稿件审
校、书籍辅文和附件、语言文字规范问题、出版物编校质量和编辑
培训、外国出版业研究、附录八部分，共 90 篇，约 74 万字。篇名
前加星号的九篇文章曾收入《中外编辑出版研究》（华中师范大学
出版社 1998 年版）。

收入第一部分《理论探索》的文章反映了我从 20 世纪 80 年

代以来怎样参与我国编辑出版学理论研究的进程。第一篇是《关于图书编辑学的性质和研究对象》（提交 1986 年 11 月武汉出版科研会的论文），在编辑学界产生了较大的影响。

——关于编辑学（如文章的题目及论述内容所示，所指的是图书编辑学）的性质，文中表示："编辑学是出版学的一个分支，是一门综合性、边缘性和应用性学科，主要从属于社会科学。""编辑学的综合性是由两种因素决定的：一是研究对象的综合性——各种不同学科的书籍的编辑工作，二是编辑工作本身包含各种成分——科学（专业）编辑、文字编辑、技术编辑、地图编辑、美术编辑等。所谓边缘性一方面指编辑学运用各种学科的方法从不同的角度研究同一对象——编辑，另一方面指编辑学的研究对象同多种学科的研究对象有交叉。""编辑学是直接为图书生产和培训编辑人员服务的，属于应用学科。""编辑学虽然也使用自然科学和技术科学的研究方法，但主要还是使用社会科学的方法。"《中国大百科全书·新闻出版》的《编辑学》条介绍了上述观点（见该书第 39 页右栏下）。

——编辑学研究在我国兴起初期，有不少学者认为"编辑学"的概念来自苏联，通过倍林斯基《书刊编辑学教学大纲》中译本（中国人民大学出版社 1956 年版）引进我国。拙文对此作了澄清，说明俄语没有"编辑学"这个术语，上述书名中的"编辑学"据俄文原文"курс редактирования"实为"编辑课"。这一事实引起了编辑学研究者的普遍注意，此后不再认为"编辑学"的概念来自苏联。

——鉴于"编辑学"这个术语是我国首先使用的，在西文中没有对应的名称，拙文建议以"redactology"（英语形式）或"rédactologie"（法语形式）作为"编辑学"的国际用语。美国《克利夫兰旗帜日报》1990 年 8 月 26 日的一篇报道中提道："在全世界一直在对编辑出版进行研究，但把编辑工作作为一门严整的学问加以深入研究则很少见。最近几年中国编辑界开始研究编辑学，因而创造了'redactology'这个术语。"姜振寰主编《交叉科学词典》（人民出版社 1990 年版）的《编辑学》条的对应英文名称也

是 "redactology"。中国编辑学会成立时曾就使用什么英文名称征求过我的意见，最后定为 China R edactological Society（见 1992 年 10 月通过的《中国编辑学会章程》），《第六届国际出版学研讨会论文集》（中英文对照本，高等教育出版社 1994 年版）把各篇文章中出现的汉语 "编辑学" 一词译作 "redactology"。

——拙文介绍了日本、朝鲜、苏联、南斯拉夫、民主德国、英、美等国的词典关于 "编辑" 一词的 10 种定义，这些定义译文后来为许多编辑学论著广泛地转引，并作为编辑学理论的观点选辑的头条收入朱美士主编的《编辑学概览》（1993 年）。

——这篇文章把 "（图书）编辑" 最概括的意义归纳为 "为出版准备稿件"，并提出一个供讨论的内容较详细的释义方案——"收集和研究有关出版的信息，按照一定的方针制定并组织著译力量实现选题计划，审读、评价、选择、加工、整理稿件或其他材料，增添必要的辅文，同著译者和其他人员一起通力协作，从内容、形式和技术方面使其适于出版，并在出版前后向读者宣传介绍"。这个 "编辑" 释义方案为《中国大百科全书·新闻出版》的《编辑》条所引述（见该书第 37 页左栏中）。

——编辑工作是整个出版工作的中心环节，编辑工作的中心环节又是什么？弄清这个问题对指导编辑工作具有重大意义。我一直认为 "审稿是编辑工作的中心环节"，在文中以一个小节的篇幅加以论证。这个提法同《图书质量保障体系》（1997 年）第八条的提法 "审稿是编辑工作的中心环节" 是一致的。

——这篇文章提出："编辑工作的实质似可归结为编辑对稿件和其他工作对象的评价。这个看法如能成立，编辑学研究的重点就可以放在制订编辑对稿件和其他工作对象评价的原则、标准和方法等方面。" 我随后又在《图书编辑工作的本质、规律及其他》（1988 年）一文中对编辑实质（本质）问题作了进一步阐述。王华良先生认为对编辑实质的这一看法 "把编辑活动与著述活动区别开来，可以成为界定 '编辑' 概念的理论依据，由此建立自己的概念体系"（见《编辑学刊》1994 年第 4 期第 29 页）。

——"编辑过程往往被说成 '编辑工艺流程'，研究这一过程的学问被称为'编辑工艺学'。这种说法的科学性值得怀疑。编辑是科学，也是艺术，但艺术不等于工艺。"把工艺和工艺流程"这两个术语的使用范围从工业生产扩大到创造精神产品的编辑工作显然不合适。用技术手段不能解决选题、组稿和审稿的根本问题"。"编辑加工包括内容加工、文字加工和技术性加工，其目的不仅仅在于，甚至主要不在于使稿件达到投入生产的工艺要求。每一本书稿的内容和文字都不一样。解决这两方面的问题主要靠学识和文字修养，而不是靠技能和印刷工艺知识。如果要用编辑工艺这样的字样，恐怕只能限于与印刷有关的那一部分加工技术，批注字体、字号和版式等。把研究整个编辑过程的学问称为编辑工艺学会使人误认为编辑学属于技术科学。"上述观点《中国大百科全书·新闻出版》在《编辑学》条中加以正面的引述（见该书第 41 页右栏下）；邵益文同志在《编辑学研究在中国》一文中也加以引述，认为"意见很有道理"。

——编辑学术语标准化是亟待解决的一个问题，文中建议用"辅文"取代"附件"作为与"正文"相对的编辑学专门用语，说明书籍的前言、后记、目录、注释、参考书目索引等称为"辅文"比较科学，称"附件"或"附录"不合适，不能在整体上表达书籍正文的这些辅助材料的性质。此后越来越多编辑学论著把这些辅助材料称为"辅文"。新闻出版署和国家语委联合起草的《出版物汉字使用管理规定》在 1992 年 7 月发布前，署法规司让我看了规定草稿并征求我的意见。第五条原条文为"出版物的内文（包括正文、内容提要、目录以及版权记录项目等附件文字）必须使用规范汉字，禁止使用不规范汉字"，我建议把其中的"附件文字"改为"辅文"，意见被采纳。

如何理解"编辑"概念是长期以来争论不休的问题。我不赞同古代编辑的特征是"编著合一"的说法。因"著作"和"编辑"概念容易混淆，《"编辑"和"著作"概念及有关问题》一文提出"作为著作方式一种的'编辑'和作为出版工作一部分的'编辑'代表不同的概念"（后来在陆续发表的《做好编辑学理论研究的奠基工作》等几篇文章对两种编辑——作为著作方式一种的"编辑"和作为出版工作及其他传媒专业工作一部分的编辑——的联系和区别作了进一步探讨），对深化编辑学这个核心问题的研究起了推动的作用。刘光裕先生认为这个"思路清楚，合乎科学逻辑，可以令讨论双方都能感到豁然开朗"（《编辑学刊》1994 年 3 期 1 页）；徐庆凯先生认为区分两种编辑"这个论点之所以重要，因为揭开在编辑学、编辑史上的研究中纠缠不清的一个死结，把相当普遍地存在的混淆概念纠正过来了"（同上刊 9 页）。也有研究者不赞同作这样的区分，坚持"编著合一"是古代编辑的特征。

我在 1994 年发表的这篇《"编辑"和"著作"概念及有关问题》还介绍："欧洲大多数语言的'编辑'一词源自拉丁语 redigere 及其过去分词 redactus。例如法语 rédiger 和英语 redact 均首见于 15 世纪，比汉语'编辑'一词的产生晚八九百年。其词义的逐步演变过程为：带回（bring back）→删削或归结（reduce to a certain state）→整理（arrange in order）→编辑（edit）。"某某著《新闻编辑学》（1995 年 11 月初版）5 的《导言》也有同样的内容。我手边只有《导言》第四段是这样写的："欧洲大多数语言中，'编辑'一词源于拉丁语 redigere 及其过去分词 redactus。例如法语 rediger 和英语 redat 均首见于 15 世纪，比汉语'编辑'一词的产生晚八九百年。其词义的逐步演变过程为：带回（bring bake）→删削或归结（reduce to a certain state）→整理（arrange in order）→编辑（edit）。"显然是抄自我的这篇文章，不过作者没有交代材料来源，也不加引号，是作为自己的著述写进书中。稍有不同的是作者把"大多数语言的"改为"大多数语言中，"，把"源自"改成"源于"。"rédiger"误作"rediger"（第 2 个字母 e 应为 é，上有闭音符）、"redact"误作"redat"，"back"误作"bake"，此书经修订再版，重印了多次，作者都未改正。不管怎样，这说明这篇拙文除提出区分两种编辑外，其他内容对学界也有一定的影响。

《试论独立的编辑职业的形成》一文通过中外出版史的比较研究说明：近代编辑工作作为一种独立的社会职业始于 16—17 世纪的欧洲报刊；编辑工作在我国是鸦片战争以后和五四运动以前逐渐

形成一种独立的社会职业的。在西欧，报刊编辑比图书编辑大约早
200 年形成独立的社会职业；在我国，这一过程是在同一时期内实
现的，这与西方的新闻业和出版业的组织形式同时被引进和推广有
关系。"95 全国编辑学理论研讨会"有的论文引述了这一观点。某
出版社 2000 年出版的《现代编辑学概论》设《编辑作为一种独立
社会职业的形成》一节，采用了我的这篇文章中《编辑作为一种
独立社会职业的形成》一节的一些基本观点和材料，连小节标题
都一样。

　　随着编辑学的研究范围从图书扩大到其他传媒，我在《试论
独立的编辑职业的形成》中第一次把现代各种传播机构的编辑工
作的基本内容归结为："依照一定的方针开发选题，选择和加工稿
件以供复制向公众传播。"这个定义随后写进阙道隆、徐伯容和我
合著的编辑教材《书籍编辑学概论》（辽宁教育出版社 1995 年
版）。这里用"开发选题"，不用"选题策划"，因为"开发"的
含义更广，不限于制订选题计划，而且包含写作提纲、作品内容的
审读和修改。范军先生评论我在《关于图书编辑学的性质和研究
对象》一文中提出的"编辑"释义方案时写道："这个阐释不能说
是精练、完善的，但它有创新、有发展。作者在释文中反映编辑的
起点和终点（这个终点与传统的看法又有不同），使读者得到比较
完整的概念，同时也有助于明确编辑学的研究对象。"而在《试论
独立的编辑职业的形成》一文中对"编辑"概念的界定，他认为
"更为清晰简洁，其用意在于把编辑工作同著作活动及其他精神劳
动区分开来，它较好地概括了编辑的本质特征和基本要素"（《出
版科学》1999 年第 3 期 18-19 页）。

　　我的出版学论文中较有影响的一篇是《明确"出版"概念，
加强出版学研究》，写于《中华人民共和国著作权法》颁布之前
（稿子在 1990 年 1 月寄给《出版发行研究》，在 1990 年第 6 期刊
登）。文章发表后不久，在一次会议期间与当时新闻出版署王强华
见面时他说这篇文章很有参考价值，他看到后即剪下来保存。有两
次开会与王益同志见面时他都说我写这篇文章敢于向权威人士的出
版定义和传统的出版观念挑战。拙文提出：法语 publier 和英语

publish 源自拉丁语 publicare（公之于众），后来获得"出版"的意义，其着眼点在于"公众"（public），而不像汉字词"出版"的着眼点在于"印刷"（出于印版）；欧洲主要语言有两套表示"出版"的用语，基本意义是"公之于众""使问世"，词源同印刷没有联系。拙文提出一个关于"出版"的释义方案供讨论研究："选择文字、图像或音响等方面的作品或资料进行加工，用印刷、电子或其他复制技术制作成为书籍、报纸、杂志、图片、缩微制品、音像制品或机读件等以供出售、传播。"如果采用概括的说法，"出版"就是"选择作品复制发行"。提法同 1991 年《中华人民共和国著作权法实施条例》的"出版"定义"指将作品编辑加工后，经过复制向公众发行"基本一致。刘光裕教授在提交"95 全国编辑学理论研讨会"的论文《四论何谓编辑》中提到拙文所界说的"出版"概念优点有三："其一，包括了编辑、复制、发行这三项内容，具有界说的完整性；其二'作品'的含义和'复制'的含义皆已扩大，具有界说的现代性和广义性；其三是表达语言较为严谨，具有界说的精确性。"他还说此文"征引资料，特别是国外资料之详瞻，分析之细致，迄今为我所仅见"。

出版史的起点与出版概念密切相关，不能离开现代出版概念来研究出版史的起点。我认为，仅仅把作品公之于众，或为了自用或收藏而传抄作品，不是按照一定的数量复制使公众可以得到，不构成出版活动。发行是出版的必要因素，没有发行就没有完全意义的出版。拙文提出我国抄本出版业发端于西汉末期（以公元前53—公元18年的语文学家扬雄提到的书肆出现为标志），而公元前5世纪雅典出现书肆则是西方抄本出版业萌芽的标志。阙道隆《编辑学理论纲要》确认"出版业的萌芽以书肆为标志（中国不晚于公元前53年至公元18年），西方在公元前5世纪"（《出版科学》2001年3期14页），说明上述观点已得到有影响的编辑学家的赞同。

关于出版学的性质，拙文概括为："出版学就是研究读者（阅听人）、出版物、出版业及其相互关系以揭示出版的规律和社会作用的综合性社会科学。"中国出版科学研究所张立在《关于出版理论体系构想》中把出版学定义作了比较之后写道："……《明确"出版"概念，加强出版学研究》一文给出版学下的定义则明确和严谨得多，作者明确提出了'狭义出版学'的研究范围，它包括了三个组成部分，即读者（阅听人）、出版物、出版业。'出版学就是研究读者（阅听人），及其相互关系以揭示出版的规律和社会作用的综合性社会科学'。这个定义非常明确、简练，而且摆脱了以往以出版专业分工为学科划分标准的不准确性，因而有积极意义。"（《编辑之友》1992 年 3 期 46-47 页）

王益同志在《"出版"再探源》（《出版发行研究 1999 年 6 期》）一文中说："1987 年至 1988 年间，朱光暄同志、薛钟英同志和我，曾一起考证'出版'一词的起源。…… 中国人最早使用'出版'是在 1899 年 12 月（梁启超：《汗漫录》）…… 以后吉少甫同志又考证，认为梁启超最早使用'出版'，是在 1899 年 8 月，见之于梁的文章《自由书》，提前了 4 个月。吉的文章发表在《出版发行研究》1991 年第 5 期。"其实，我在《出版发行研究》1990 年第 6 期发表的这篇《明确"出版"概念，加强出版学研究》已提道：梁启超使用"出版"一词最早是在《自由书》，后来在《汗漫录》等论著中又使用过。我是这样写的："迄今查到的资料，这个日本汉字词中国人是梁启超最先在 1899 年 8 月 8 日（清光绪二十五年七月一日）用于他在日本写的《自由书》。该书序言写道：'西儒约翰弥勒曰，人群之进化莫要于思想自由言论自由出版自由。三大自由皆备于我焉，以名吾书，己亥年七月一日著者识。'……当年 12 月梁启超由东京赴檀香山途中写的《汗漫录》以及后来在 20 世纪初写的论著和书信都多次提到'出版'问题。"据王益同志的考证，黄遵宪使用"出版"一词比梁启超早 20 年，在 1879 年与日本友人的笔谈中就使用了这个词。

早在 12 年前我在这篇文章中介绍了西方还处于萌芽状态的"按需出版"，说"国外现有一种'按需出版'，学位论文、专门论著、绝版书等输入电脑存储，按订户需要供应，要一本也印"。"按需出版"成为我国出版界的热门话题是近几年的事。

《"杂志"和"期刊"的词源和概念》一文试图说明"杂志"

191

和"期刊"概念的异同，纠正汉语"杂志"源自日语和英语的传统说法，以史实表明"杂志"是汉语固有词，无论作为书名还是作为刊名都比日本早。

西方的标点系统不是由政府制定而是由出版者制定并随着他们的出版物而推广的。在 20 世纪 90 年代初起我参加多次出版物编校质量检查，发现在各类差错中标点差错占第一位，由此萌发研究标点的念头。最初的成果是 1997 年在《语文建设》1997 年 4、5 期发表的《"标点"的词源和概念——兼论独立的标点学科的必要性》。袁晖主编《标点符号词典》2000 年修订本增设了一个专条介绍这篇文章，强调有必要在语言学下面建立一个标点学科以改变目前标点研究薄弱状况。

在编辑出版理论以至标点理论方面，我着重就基本概念问题陆续写了一些文章进行探索，这一研究方法得到同行专家的认可。王华良先生在《我国编辑学研究的现状和前瞻》中写道："值得指出的是，林穗芳先生对基本概念的系列性研究，为讨论提供了丰富的材料，对讨论的深入起了很好的促进作用。几年来，他通过历史考察和中外比较，以翔实的材料、严密的逻辑，对'书籍'、'杂志'、'期刊'、'编辑'、'出版'、'著作'、'标点'等一系列概念作了研究，写出了一批论文，为进一步的研究奠定了很好的基础。他首先提出的区分两类'编辑'，即把作为著作方式之一的'编辑'同作为出版工作一部分的'编辑'区分开来的主张，对科学地界定'编辑'概念起了很好的促进作用。"（《编辑学刊》1998 年 1 期 23 页）

本自选集第二部分《出版工作研究》的第一篇是《关于加速我国图书出版业现代化问题》（1993 年）。当时在一些管理干部的心目中，计算机的最大用处是算账，首先给了财务部门，出版社配置的计算机多不在编辑部，一个编辑室能安装一部电话就算不错了，大多数编辑干部不会使用计算机。针对这种情况，拙文提出："我们已经丢掉了一个多世纪的机械打字时代，科学的进步使汉字信息与西文信息同样可以数字化，建立初级的电子编辑出版系统的费用已经降到多数出版社能承受的地步，用'光和电'取代'铅与火'的现实可能性已展现在眼前，这个千载一遇的良机不能再失了。""在出版社建立电子编辑出版系统需要采取一些措施来消除认识上和技术上的障碍。"建议"多举办一些出版社领导干部的电子出版讲习班，请已率先实行电子化的出版社来传授经验"。

拙文在《满足社会需要——备货问题》一节中谈到如何认识出版业现代化的问题时写道："电子化或数字化不过是使出版业现代化的一种技术手段。出版业是否达到现代的要求，还得看出版物的质量、品种、人均消费量和满足社会需要的程度。近几年，我国每年出书八九万种。人们在估价我国出版业的状况喜欢说，我国出版业已跃居前列，世界每出 10 种就有 1 种姓'中'。这确实是一项巨大的成绩。但是如果从产品经济转到市场经济的角度来看这个问题，我们就会发现，在任何一家书店都没有八九万种书可供读者选择，一般县级书店备书只有几千种，省市级书店经常在两万种以上的寥寥可数。全国在售图书有多少种，未见有正式统计数字。全国性书市和订货会有 2 万~5 万种。"有数据表明：我国发货店的添货满足率仅为 10% 左右（日本为 90%）；1992 年在售图书德国有 52 万种，英国有 60 多万种，美国有 120 万种（不包括中小学课本、一般小册子和单幅地图，为全世界一年出书种数的一倍半，比我国大陆从 1950 年至 1991 年出版的图书累计种数还要多）。进入 20 世纪 90 年代以来，超级书店在美国全国迅猛发展，到 1992 年已建立 100 多家，估计到 1993 年将达 300 家。所谓超级书店指经常备货在 7 万~10 万种以上的书店。法国伊尔—维尔省会雷恩市"图书广场书店"常备书 9 万~11 万种（1992 年销售额 550 万美元），全市人口 20 万人，合每两个人一种书。拙文接着说："我国人口比法国多 20 倍，具有更广阔的潜在图书市场。各省市的新华书店多处在闹市区，具有十分优越的发展条件。如果各省会城市至少有一家备书在 5 万~10 万种的大书店，目前买书难的状况将会大大缓解。"在一次会议上见到新华书店总店总经理时曾当面建议总店率先示范建立备书一二十万种的大型书店。值得高兴的是现在我国一些大城市终于有了大型书城，而且建立了超级书店联盟，并取得了良好的社会效益和经济效益。拙文还着重讨论了在实现我国图书出版业现代化的过程中两个不容忽视的问题：1. 创新求精，提高质量；2. 以经济建设为中心改善品种结构，增加常备书。大概是考虑这篇文章有一定的历史价值，宋应离同志把它收入了他主编的《中国当代出版史料》（大象出版社出版）。

《关于出版改革的实际步骤的两点设想》提出了两点建议：1. 加强出版信息管理与服务工作；2. 建立和发展超级书店。《出版业发展不可缺少的信息工具——在版书目》介绍了西方一些发达国家在版书目的出版情况，强调读者、作者、出版社、书店、图书馆、出版行政管理部门和国际图书贸易都迫切需要这样一个图书信息工具，希望我国的在版书目在出版界共同努力下能早日面世。

我国图书出版统计往往对"初版""新书""新版""重版""重印"不加区别，重版书有时包括重印书，而又作为新版书统计，初版书有时也被看作新版书。《谈谈图书出版统计标准化问题》和《再谈图书出版统计标准化与国际接轨问题》是针对出版统计混乱的问题而写的。进入 20 世纪 90 年代以来，不时在报上看到我国"年出书种数居世界首位"之类报道，这是统计标准不同给人造成的错觉。我国年出书种数包括当年的重印书，外国出书统计通常不包括重印书，拿我国新书加重印书的年出版种数和别国的新书年出版种数比较，自然是我们的种数多。为与国际接轨，我建议我国图书出版统计分成初版（不包括修订再版）、重版（限于版次有变更者）和重印三类。把重印书分出来，使我们有可能在更科学的分类基础上进行中外出版业发展水平的分析比较。据《出版参考》主编陆本瑞同志说，文章发表后所产生的影响是比较大的。

最能体现本书特色的应当是第三部分《翻译书的编辑工作》，因为我在出版社几十年主要是从事这方面的工作，其他都不是我的主业。但是许多材料埋藏在历年的书稿档案中，挖掘和整理相当费工夫，选题确定之后才能动手。有些文章是现成的。如英语倍数的翻译常常出错。拙文《关于英语倍数的翻译问题》在《中国翻译》

一文发表后，该刊编辑部转来 1986 年 6 月 12 日湖北荆州地区农业机械学校揭邦涛给我的信说："拜读了您的《关于英语倍数的翻译问题》一文之后，教益匪浅，澄清了我以前的好多糊涂概念，实为一篇难得的佳文。"本文所概括英语 times 的翻译规则至今仍被证明是对的。1991 年 12 月在福建泉州举行的第二次全国社科翻译研讨会上曾有学者援引我的论点和例证。

我国从未出版过严格按照历史原则编纂的汉语词典。第四部分《辞书编纂和稿件审校》有一篇《关于编纂历时汉语大词典的设想》用了多半年时间撰写，接近完成，目前正在研究西方新出版历时语言词典，拟借鉴他们的新经验和经过改进的编纂体例作点补充。我的设想如能实现，就单个项目而言将是我国有史以来最宏伟的、具有世界意义的文化建设工程，基本思路见过去写的《中华文化建设的一项基本工程》（《中国出版》1994 年 1 期、上海《辞书研究》1994 年 5 期、《新华文摘》1994 年 8 期）。

收入第五部分《书籍辅文和附件》的《谈谈书籍辅文》和《书籍辅文和出版文化》原是一篇谈书籍辅文的专论，因为文章较长，《编辑学刊》在 1988 年分作两篇发表。《编辑学刊》第 3 期《编后记》说文章"很富知识性，值得向读者推荐"。文章论述正文和辅文的关系，具体说明书籍辅文的内涵和外延，按功能将其分成识别性辅文、说明和参考性辅文、检索性辅文三大类，并强调编好辅文对提高一个国家的出版文化的重要意义。这两篇文章所产生的"影响"有点出乎我的意料。某某编著的高等院校图书专业教材《图书学》（1991 年版）关于"图书的辅文"一节（该书 139-149 页）不仅辅文的定义、分类和主要观点，就是一般的文字叙述也是大段直接照抄我的文章（原原本本抄了两千多字），作者不加引号，不交代观点和材料来源就作为自己的著作的一部分出版了。

党的十四届六中全会的决议强调"新闻媒体和出版物要为全社会正确使用祖国语言文字做出榜样"。《人民日报》1995 年 12 月 25 日社论《在社会树立语言文字规范意识》指出："很难设想，没有语言文字的规范化、标准化，一个国家的文字处理技术能够适应高新技术的发展，其现代化事业能够顺利进行。"收入本书第六部分《语言文字规范问题》的是一组有关中外语言文字规范的文章。有关汉语的规范和标准比较好找，有关外语的不大好找。辞书和古典学术著作中常常出现古希腊语词，编校人员要辨别正误殊非易事。新中国成立五十多年来我国从没有出版过一本古希腊语词典、教科书或语法书，连有关的文章都几乎看不到。各种著译编校手册最多附一个希腊字母表，不带气息符号和重音符号，而古希腊语必定带气息符号和三种重音符号。从我国出版的一些古希腊学术著作可以看到如下差错：1. 形体近似的字母混淆；2. 字符混淆，把气息符号错成小字母，把锐音符错成钝音符；3. 符号位置不对，把应加在元音字母上的重音符号加在了辅音字母上；4. 多用重音符号，一个希腊语多音节词一般只能有一个（三种中的一种）重音符号，有的词用了两个，多用了一个。收入书中《古希腊语和现代希腊语文字规范的一些基本知识》一文，是为一本将出版的校对培训教材而写的，其中包含：1. 希腊字母表，注明古典读音拟测和现代读音；2. 希腊字母用拉丁字母转写办法；3. 大小写字母的形体和高低位置；4. 下加字母和后加字母；5. 气息符号；6. 重音符号；7. 在书刊和作品中的大小写体例；8. 移行规则；9. 现代希腊语新式拼写法；10. 古今希腊语语音变化；11. 希腊语的标点符号。上述内容大部分是现有的中文参考书中看不到的，编辑校对人员会觉得有实用价值。

持续了多年的全国性书报刊编校质量检查是从报纸开始的，1991—1992 年《新闻出版报》和有关单位主办了最早的三次报纸编校质量抽查评比，先后参加检查评比的有首都 20 家报纸、全国 30 家省报和全国计划单列市和省会城市党委机关报。前两次评比情况我写过两篇综述在《新闻出版报》上发表。发表省报评比结果综述时，《新闻出版报》加的编者按语为："由本报主办的全国省报编校质量抽查评比活动揭晓后，已先后作过报道。这里再将评委林穗芳写的'结果综述'发表，这些意见比较系统，条分缕析，很有参考价值。让我们从消灭错字、标点差错和严格贯彻语言文字的各种规范入手，努力提高编校质量，使我们的党报不仅在舆论导向方面，而且在语言文字方面也起示范作用。"新华社主办的《中国记者》杂志转载此文时所加的编者按语是："这项活动有很强的针对性，对推动报刊消灭差错、提高质量起了很好的作用。本文作者系这次评比活动的评委之一，文章比较系统地分析了这次评比中发现的几个带普遍性的问题，特向读者推荐。"收入本书第七部分《出版物编校质量和编辑培训》的第一篇《提高编校质量，消灭报纸差错——写在我国报纸编校质量三次抽查评比之后》是这三次抽查评比结果的综述，可以帮助了解报纸以及其他出版物哪些方面容易出差错，编辑应当注意什么问题。我每次讲编辑加工课时，培训班的同志都希望多举些实例讲解，这篇文章有四万多字，其中包含了大量的典型差错实例。《提高报纸编校质量须注意的一些问题——向〈深圳商报〉汇报检查结果的发言稿》从不同的方面补充了上一篇的内容。《编辑加工作业题答卷评析》一文评析了1999年11月参加中央部委出版社编辑岗位培训班的50位学员的答卷，可以帮助了解目前我国编辑干部的实际语文水平和编辑加工的能力。

第八部分《外国出版业研究》第一篇《欧洲文艺复兴时期杰出的编辑出版家马努提乌斯和阿尔丁出版社》是对西方早期出版业的个案研究。阿尔杜斯·马努提乌斯（约1450—1515）是意大利文艺复兴时期最杰出编辑出版家，斜体字创始人和西方标点系统的奠基人，精通古希腊语和拉丁语，他在威尼斯创办的阿尔丁出版社是当时欧洲最有影响的出版社，包括《柏拉图全集》和《亚里士多德全集》等在内的许多希腊罗马古典著作的第一个印刷版是他出版的。阿尔丁出版社带有早期资本主义企业的性质，编辑、印刷和销售等活动统一管理，但有专人负责。马努提乌斯祖孙三代在一百年间（15世纪90年代中期至16世纪90年代中期）出书900

多种，最先受益的是法国。1500 年后法国出现亨利·埃蒂安纳等一批杰出的出版商，他们以阿尔丁出版社为样板，"使法国的图书生产在欧洲跃居第一位"（《不列颠百科全书·出版史》）。西方各国印刷出版业是在市场经济条件下发展起来的，它们几百年来积累的历史经验值得注意。面对日益激烈的市场竞争如何抓住机遇办好出版社，我们今天从马努提乌斯的成功经验仍能得到不少有益的启示。本文特别多写了一些编辑活动的具体情况，以便了解西方早期的出版社编辑来自何处，其教育程度和社会地位如何，他们是怎样工作的，同作者、出版者是什么样的关系，编辑和著作活动是合一的还是分离的。阿尔杜斯生活的时代相当于我国明中叶，比来华传播西方科学文化的意大利传教士利玛窦大约早 100 年。有比较才有鉴别。对中西方出版业不同的编辑模式作历史比较，可以拓宽视野，加深对古今编辑特点的认识。

《英国的出版业》载《中国出版代表团访英考察报告》，1979年 8 月国家出版局办公室编印，16000 字，未公开发表。这是改革开放初期随陈翰伯同志率领的代表团第一次实地考察西方一个出版大国后所写的长篇报道，反映当时对西方出版业所了解的程度，有一定的史料价值。这也是我接触和研究西方出版业的起点。后来在社内刊物《求精》13—14 期（1980 年 3 月 1 日和 20 日）作为出访汇报发表的《比较·鉴别·探讨——1979 年夏参加中国代表团访英观感》是在这个基础上写成的。《黑龙江出版工作》1980 年 4期转载时加了编者按语，说这篇访英观感"虽然篇幅较长，但我们认为是一篇不可多得的好文章。现征得《求精》编辑的同意，转载于此，推荐给同志们一读。希望大家读后，能比较一下我国同世界、我省同兄弟省在出版工作方面存在的差距，鉴别一下哪些可以为我所用，进而从全局直至每个局部，探讨一下出版工作如何实行现代化管理问题"。

《美国出版业简况和关于我国出版改革的几点设想》写于 1989年，较早、较系统地对资本主义头号大国的出版业概况作了介绍，

《出版发行研究》分三期连载。文章分：1. 出版社的类型和结构；2. 编辑的职能和分工；3. 编辑和编务人员的工作量；4. 出版市场上的中介人和承包编辑；5. 经济效益和出版决策；6. 出版社的推销工作；7. 图书发行渠道和发行折扣；8. 出版人员的培训；9. 比较·借鉴。所论述的都是当时我国出版界人士所关注的问题。《比较·鉴别·探讨》是把我国出版业同英国出版业作比较，这篇则是把我国出版业同美国出版业作比较。文末提出的关于我国出版改革设想的内容包含：1. 美国和其他许多西方国家在出版社设立强大的推销（营销）部门是有道理的。因为书的内容、作者情况和读者对象只有出版社最了解，书店只能帮助而不能代替出版社推销。现实证明卖书往往比编书还难，出版社不能没有自己的推销部门。图书的宣传推销至今仍然是我国出版社最薄弱的一个环节，有必要设立专门的部门以加强对读者需要、市场供求情况的调查研究，为选题论证提供有用的信息，并大力制作辅助材料，统一安排推销工作。既然当前的矛盾不是图书品种少，而是质量不高、销路不畅，那么提高编辑人员的素质，改进编辑工作方法，降低编辑人员比例，加强推销发行力量，应当是出版社改革的方向。2. 出版社实行总编辑负责制大概是我国独创，美国和苏联的出版社都不这样。无论生产型还是生产经营型出版社，恐怕都以实行社长负责制为宜。3. 书价按成本加利润除印数计算，并不能保证每种书都赚钱，因为书的销售是难以准确预测的，书印出来之后还有个是否能卖掉的问题。《美国百科全书》1980 年国际版第 4 卷《图书出版》条指出："美国一家出版商出售的全部图书有 60% 赔钱，36% 不赔不赚，只有 4% 赚钱，这不是什么稀奇的现象。"美国出版商都了解所出的书大部分要承担亏损风险，指望每个季度出一两种畅销书来弥补。以盈补亏是中外出版社的一个普遍规律。我们应当采取符合价值规律的办法，使更多的学术著作能够出版。上述《图书出版》条的内容后来不断地看到有论著转引，引文用的是我的译文，看来这篇文章产生了一定的影响。

附录一《我自学外文的体会》是1964年夏在中国科普协会组织的一次报告会上的发言，谈的是我如何结合编辑工作自学多种外文，听众是科技人员和外语干部，会后应要求将发言稿整理成文在二机部的内刊登载过，曾收到不少读者从全国各地的来信表示鼓励。附录二《学习、研究与写作——我的一些体会和看法》是2000年12月给北京印刷学院出版系学生一次讲课的内容，主要谈自己作为一个外语编辑的成长过程。

目　录

理 论 探 索

出版工作研究

27. 重在树立精品意识（《新闻出版天地》1997 年 5 期）

28. 国外出版业的发展趋势和我们的对策（《出版广角》2000年 2 期）

29. 谈谈图书出版统计标准化问题（《出版参考》1995 年 15期）

30. 再谈图书出版统计标准化与国际接轨问题（《出版参考》1997 年 17 期）

31. 出版业发展不可缺少的信息工具——在版书目（《科技与出版》1998 年 1 期）

翻译书稿编辑工作

32. 谈谈外书编辑的业务学习和工作问题（《编创之友》1981年 3 期）

33. 翻译读物编辑工作（载《实用编辑学》，中国书籍出版社1986 年版）

34. 从出版社看社科翻译——1987 年 10 月在贵阳全国第一届社会科学翻译经验交流会上的发言稿

35. 使像样的译本多起来——谈谈出版社对翻译出版外国政治学术著作的要求（《编辑之友》1992 年 3 期）

36. 英国韦尔斯《世界史纲》中译本选题报告和译稿审读意见(1973 年提选题，材料摘自书稿档案。中译本 1983 年出版，吴文藻、谢冰心、费孝通、邝平章等译)

37. 美国兰格《世界史编年手册》中译本选题报告和译稿修改意见（1974 年提选题，材料摘自书稿档案）

38.《马克思主义社会主义共产主义词典》中译本选题报告(1981 年，摘自书稿档案)

39.《铁托选集》（四卷本）中文版选题报告和编选翻译方案(1979 年，摘自书稿档案)

40. 东欧八国政治和历史著作译稿修改意见（摘编）：一、对阿尔巴尼亚文译稿的修改意见；二、对保加利亚文译稿的修改意见；三、对波兰文译稿的修改意见；四、对德文译稿的修改意见；

五、对捷克文译稿的修改意见；六、对罗马尼亚文译稿的修改意见；七、对南斯拉夫塞文译稿的修改意见；八、对匈牙利文译稿的修改意见（80 年代，摘自书稿档案）

41. 西欧四国政治和历史著作译稿修改意见（摘编）：一、对伊巴露丽（西班牙共产党主席）《热情之花回忆录》译稿的修改意见；二、对《建设法国色彩的社会主义》（法共第二十四次代表大会文件集）译稿的修改意见；三、对阿门多拉《意大利共产党历史》和意共代表大会文件集的译稿修改意见；四、对索拉罗《希腊共产党历史》译稿的修改意见（80 年代，摘自书稿档案）

42. 对《中国文化西传欧洲史》译稿的复审意见（《出版科学》1994 年 4 期）

43. 关于英语倍数的翻译问题（《中国翻译》1986 年 3 期）

辞书编纂和稿件审校

44. 列宁对辞书编辑出版工作的要求（摘自《列宁和编辑出版工作》，中国书籍出版社 1987 年版）

45. 对一部现代汉语多用字典清样的审读报告（1999 年）

46. 对《麦克米伦英语词典》台湾版部分译稿的校改意见（1989—1990 年）

47. 关于编纂历时汉语大词典的设想（在写作中）

书籍辅文和附件

48. 列宁对书籍辅文的要求：一，书名、标题、目录；二，序言；三，注释；四，图表、附录；五，参考书目；六，索引。（摘自《列宁和编辑出版工作》，中国书籍出版社 1987 年版）

49. 谈谈书籍辅文（《编辑学刊》1988 年 3 期）

50. 书籍辅文和出版文化（《编辑学刊》1988 年 4 期）

51. 书籍辅文及附件加工（1999 年 10 月 12 日到印刷学院出版系授课提纲）

52. 编辑要认真核对引文（《出版发行研究》1992 年 5 期）

53. 为书籍编制索引是编辑应尽的职责（《出版参考》1999 年

13 期）

54. 编制索引：哪些工序电脑可以代劳（《出版参考》1999 年 23 期）

语言文字规范问题

55. 认真学习和贯彻新颁布的两项国家标准——《标点符号用法》和《出版物上数字用法的规定》（《出版科学》1996 年 2 期）

56. 要正确使用祖国语言文字（《出版发行研究》1996 年 6 期）

57. 《国家通用语言文字法》与编辑出版工作（《出版科学》2001 年 1 期）

58. "减少若干倍" 商兑（《语文建设》1995 年 1 期）

59. "减少三倍" 怎样换成分数（《语言文字报》1998 年 5 月 31 日）

60. 书报刊名称要使用规范字（《新闻出版报》1996 年 12 月 20 日）

61. 书刊名称汉语拼音拼写要规范化（《中国出版》1995 年 7 期）

62. "水平" 没有好坏之分（《语文建设》1992 年 11 期）

63. 注意内外有别——涉及台港澳的一些用语和提法问题（《新闻之友》1995 年 4 期）

64. 不该误解 "海外" 的内涵（《新闻出版报》1998 年 6 月 11 日）

65. "原" "前" 用法例析（《新闻之友》1996 年 1 期）

66. "通讯" 与 "通信" 的区别（《语文建设》1997 年 1 期）

67. 赶超世界先进水平的说服能成立吗？（《语言文字报》1998 年 3 月 29 日）

68. 口径 2 厘米的武器是枪还是炮（《语言文字报》1999 年 6 月 6 日）

69. 汉语拼音阳平符号以什么体式为准（《出版科学》2001 年 3 期）

70. 古希腊语和现代希腊语文字规范的一些基本知识——为一本校对培训教材而作

71. 拉丁语文字规范的一些基本知识——为一本校对培训教材而作

72. 英语文字规范的一些基本知识（《出版科学》2003 年 1 期）

73. 俄文字母用拉丁字母转写办法（《科技与出版》2003 年 1 期）

出版物编校质量和编辑培训

74. 提高编校质量，消灭报纸差错——写在我国报纸编校质量三次抽查评比之后（《书报刊文字差错评析》中国书籍出版社 1993 年版）

75. 提高报纸编校质量须注意的一些问题——向《深圳商报》汇报检查结果的发言稿（《深圳商报通讯》1994 年 2 期）

76. 重要的是勤学习严要求（《中国出版》1997 年 7 期）

77. 编辑加工作业题答卷评析（《出版科学》2000 年 2 期）

78. 提高图书编校质量：问题和措施（《中国出版》2002 年 11 期）

外国出版业研究

79. 欧洲文艺复兴时期杰出的编辑出版家马努提乌斯和阿尔丁出版社（《出版科学》1998 年 1—2 期）

80. 列宁和社会主义出版事业（《编创之友》1984 年 2 期）

81. 英国的出版业（载《中国出版代表团访英考察报告》，1979 年 8 月国家出版局办公室编印）

＊82. 比较·鉴别·探讨——1979 年夏参加中国代表团访英观感（《求精》1980 年 13—14 期）

83. 美国出版业简况和关于我国出版改革的几点设想（《出版发行研究》1989 年 4、5、6 期）

84. 借鉴美国发行经验，克服出版行业"经盲"现象（《出版

附　　录

参 考 文 献

［1］中共中央马克思恩格斯列宁斯大林著作编译局．马克思恩格斯全集（中文第一版第38卷）［M］．北京：人民出版社，1972.

［2］中共中央马克思恩格斯列宁斯大林著作编译局．列宁全集（中文第二版第50卷）［M］．北京：人民出版社，1988.

［3］中共中央马克思恩格斯列宁斯大林著作编译局．列宁全集（中文第二版第47卷）［M］．北京：人民出版社，1990.

［4］胡锦涛．高举中国特色社会主义伟大旗帜 为夺取全面建设小康社会新胜利而奋斗——在中国共产党第十七次全国代表大会上的报告［M］．北京：人民出版社，2007.

［5］胡锦涛．坚定不移沿着中国特色社会主义道路前进 为全面建成小康社会而奋斗——在中国共产党第十八次全国代表大会上的报告［M］．北京：人民出版社，2012.

［6］程绍沛．编辑笔述［M］．北京：中国青年出版社，2013.

［7］出版科学编辑部．《出版科学》档案资料（1993—2009），2009.

［8］蔡姗．林穗芳的编辑学理论研究［J］．出版科学，2010（2）.

［9］蔡姗．林穗芳的编辑规范研究揽胜［J］．中国编辑，2010（5）.

［10］蔡姗．刘杲与编辑工作规范化［J］．出版科学，2011（6）.

［11］蔡姗．林穗芳的编辑加工见解及实践［J］．中国编辑，2012（6）.

［12］蔡姗．林穗芳的编辑审稿研究［J］．编辑之友，2013（6）．

［13］范军．一部有价值的出版科学研究论著——读林穗芳著《中外编辑出版研究》［J］．出版科学，1999（3）．

［14］范军．关于编辑活动基本规律的讨论［J］．出版科学，2004（5）．

［15］黄鸿森．考镜源流 针砭差误 足资鉴戒［N］．新闻出版报，2000-05-22．

［16］黄鸿森．中外标点符号史综合研究开山之作——读林穗芳著《标点符号学习与应用》［J］．出版科学，2003（2）．

［17］黄鸿森．宏伟的构想 缜密的蓝图——林穗芳《关于编纂历时性汉语新词典的设想》读后感［J］．出版科学，2004（5）．

［18］黄鸿森．一颗光芒四射的编辑之星——悼念人民出版社编审林穗芳先生［J］．出版发行研究，2010（9）（10）．

［19］黄河清．应该建立一个近现代汉语电子文献库——兼作林穗芳《关于编纂历时性汉语新词典的设想》一文的回音［J］．出版科学，2004（4）．

［20］胡光清．1978—1986.2 有关编辑学编辑工作研究文章辑览［J］．出版科学（试刊），1986．

［21］胡义兰．刘杲编辑思想研究［D］．开封：河南大学，2007．

［22］何晓林．邵益文编辑思想研究［D］．开封：河南大学，2007．

［23］林梅村．忆父亲［N］．南方周末，2010-01-21．

［24］林梅村．林穗芳二三事［N］．北京青年报，2010-02-03．

［25］林穗芳．比较·鉴别·探索——1979 年夏参加中国出版代表团访英观感［J］．求精，1980（13）（14）．

［26］林穗芳．编辑的语文学习和进修［M］//曾彦修等．编辑工作二十讲．北京：人民出版社，1986．

［27］林穗芳．列宁和编辑出版工作［M］．北京：中国书籍出版社，1987．

［28］林穗芳．关于图书编辑学的性质和对象［J］．出版发行研究，

1987（2）.

[29] 林穗芳.图书编辑工作的本质、规律及其他［J］.出版发行研究，1988（1）.

[30] 林穗芳.不同种类稿件的编辑加工（一）［J］.编辑之友，1991（3）.

[31] 林穗芳.对《林肯传》中译本编辑工作的回顾［J］.中国出版，1991（5）.

[32] 林穗芳.30家省报编校质量评比结果综述［J］.当代传播，1992（2）.

[33] 林穗芳.编辑要认真核对引文［J］.出版发行研究，1992（5）.

[34] 林穗芳.一个普遍被忽视的问题——谈谈给中文书刊名称加注汉语拼音［J］.出版科学，1993（2）.

[35] 林穗芳.提高编校质量，消灭报纸差错——写在我国报纸编校质量三次抽查评比之后［M］//书报刊文字差错评析.北京：中国书籍出版社，1993.

[36] 林穗芳.对《中国文化西传欧洲史》译稿复审意见［J］.出版科学，1994（4）.

[37] 林穗芳."编辑"和"著作"概念及有关问题［J］.编辑学刊，1994（4）.

[38] 林穗芳.试论独立的编辑职业的形成［J］.编辑学刊，1994（6）.

[39] 林穗芳.责任编辑的主要职责——西方组稿编辑重选题组稿轻审读加工吗？［J］.编辑学刊，1995（4）.

[40] 林穗芳.书刊名称汉语拼音拼写要规范化［J］.中国出版，1995（7）.

[41] 林穗芳.翻译读物编辑工作［M］//阙道隆.实用编辑学.北京：中国书籍出版社，1995.

[42] 林穗芳.认真学习和贯彻新颁布的两项国家标准——《标点符号用法》和《出版物上数字用法的规定》［J］.出版科学，1996（2）.

［43］林穗芳．互联网络与出版业的新发展［J］．编辑之友，1996（2）．

［44］林穗芳．关于"编辑学"国际用语定名问题的通信［J］．编辑之友，1996（2）．

［45］林穗芳．要正确使用祖国语言文字［J］．出版发行研究，1996（6）．

［46］林穗芳．书报刊名称要使用规范字［N］．新闻出版报，1996-12-20.

［47］林穗芳．做好编辑学理论研究的奠基工作［M］//俞建章．编辑工作与编辑学研究．南昌：江西教育出版社，1996.

［48］林穗芳．"标点"的词源和概念——兼论建立独立的标点学科的必要性［J］．语文建设，1997（4）（5）.

［49］林穗芳．编辑学与编辑史中的"编辑"概念应当保持一致——兼论开展编辑模式历史比较研究的必要性［J］．编辑学刊，1997（6）.

［50］林穗芳．中外编辑出版研究［M］．武汉：华中师范大学出版社，1998.

［51］林穗芳．杰出的编辑出版家马努提乌斯和阿尔丁出版社［J］．出版科学，1998（1）（2）.

［52］林穗芳．"减少三倍"怎样换成分数［N］．语言文字报，1998-05-31.

［53］林穗芳．撰写和完善《编辑学理论纲要》需要探讨的一些问题［J］．出版科学，1999（1）.

［54］林穗芳．林穗芳致范军信［J］．出版科学，1999（4）.

［55］林穗芳．连接号用法例析［J］．出版科学，1999（4）.

［56］林穗芳．口径2厘米的武器是枪还是炮［N］．语言文字报，1999-06-06.

［57］林穗芳．标点符号学习与应用［M］．北京：人民出版社，2000.

［58］林穗芳．编辑加工作业题答卷评析［J］．出版科学，2000（2）.

［59］ 林穗芳.《国家通用语言法》与编辑出版工作［J］. 出版科学, 2001（1）.

［60］ 林穗芳. 汉语拼音阳平符号以什么体式为准［J］. 出版科学, 2001（3）.

［61］ 林穗芳."编辑"词义从古到今的演变［J］. 编辑学刊, 2001（2）（3）.

［62］ 林穗芳. 对我国编辑学理论研究的重大贡献——喜读阙道隆《编辑学理论纲要》［J］. 出版科学, 2001（4）.

［63］ 林穗芳. 编辑基本规律新探［J］. 出版科学, 2002（2）.

［64］ 林穗芳."编辑"词义从古到今的演变［J］. 中国编辑研究年刊, 2002.

［65］ 林穗芳. 英语文字规范的一些基本知识［J］. 出版科学, 2003（1）.

［66］ 林穗芳. 重学术, 重规范, 与时俱进——《出版科学》的基本特色［J］. 出版科学, 2003（3）.

［67］ 林穗芳. 论策划编辑制及有关问题（一）［J］. 河南大学学报, 2003（6）.

［68］ 林穗芳. 论策划编辑制及有关问题（二）［J］. 河南大学学报, 2004（1）.

［69］ 林穗芳. 关于编纂历时性汉语新词典的设想——基于中外一些语文词典的比较借鉴［J］. 出版科学, 2004（3）.

［70］ 林穗芳. 电子编辑和电子出版物: 概念、起源和早期发展［J］. 出版科学, 2005（3）.

［71］ 林穗芳. 正本清源, 促进汉语拼音字符体式在出版物上应用的规范化［J］. 出版科学, 2006（2）.

［72］ 林穗芳. 加强电子编辑理论和实践的研究, 大力培养电子学术编辑人才［J］. 中国编辑, 2007（2）.

［73］ 林穗芳. 新版《鲁迅全集》标点问题和改进编辑工作的建议［J］. 出版科学, 2007（3）（4）.

［74］ 林穗芳. 汉语拼音字符体式的应用要符合规范［J］. 中国编辑, 2008（1）.

[75] 林穗芳．回忆与感想［M］//宋应离，刘小敏．亲历新中国出版六十年．开封：河南大学出版社，2008．

[76] 刘杲．加强编辑研究，促进出版发展——在中国编辑学会第一届理事会上的报告（1992年10月13日）［M］．中国编辑学会成立大会纪念册，1992．

[77] 刘杲，石峰．新中国出版50年纪事［M］．北京：新华出版社，1999．

[78] 刘杲．出版笔记［M］．石家庄：河北教育出版社，2006．

[79] 刘光裕．"文章千古事，得失寸心知"——纪念林穗芳逝世四周年［J］．济南大学学报（社会科学版），2013（6）．

[80] 刘莹莹．蔡学俭编辑出版实践及思想研究［D］．武汉：华中师范大学，2013．

[81] 罗紫初．出版学基础研究［M］．太原：山西人民出版社，2005．

[82] 李频．龙世辉的编辑生涯［M］．开封：河南大学出版社，1992．

[83] 李频．出版：人学絮语［M］．开封：河南大学出版社，2012．

[84] 李岑，黄小玲．编辑出版实务与技能［M］．成都：四川大学出版社，2005．

[85] 聂震宁．我的出版思维［M］．石家庄：河北教育出版社，2004．

[86] 马文静．阙道隆编辑实践与编辑理论研究［D］．武汉：华中师范大学，2011．

[87] 阙道隆．呼唤编辑理论的丛林——关于编辑学的预测和建议［J］．编辑学刊，1990（6）．

[88] 阙道隆．实用编辑学［M］．北京：中国书籍出版社，1995．

[89] 阙道隆．编辑学理论纲要（上）（下）［J］．出版科学，2001（3）（4）．

[90] 阙道隆．编辑研究文集［M］．北京：中国青年出版社，2003．

[91] 阙道隆．试论编辑基本规律［J］．出版科学，2002（3）.

[92] 阙道隆，徐柏容，林穗芳．书籍编辑学概论［M］．沈阳：辽宁教育出版社，2004.

[93] 阮绍光．越南友人阮绍光给林穗芳的信［J］．出版科学，2004（5）.

[94] 尚丁．编辑学小议［J］．出版工作，1982（4）.

[95] 申非．略谈编辑和编辑学［J］．科技出版通讯，1983（3）（4）.

[96] 邵益文．20世纪中国的编辑学研究［M］．石家庄：河北教育出版社，2000.

[97] 邵益文．编辑的心力所系——编辑工作和编辑学探索［M］．贵阳：贵州人民出版社，2004.

[98] 宋木文．亲历出版30年［M］．北京：商务印书馆，2007.

[99] 孙琇．编辑如是［M］．太原：山西人民出版社，2012.

[100] 徐大庆．戴文葆编辑思想研究［D］．武汉：华中师范大学，2011.

[101] 王子野．当代中国的出版事业（上）（中）（下）［M］．北京：当代中国出版社，1993.

[102] 王子野．编辑出版工作中的比学赶帮［M］//黄书元，张小平．人民出版社往事真情．北京：人民出版社，2011.

[103] 伍杰．关于建立编辑学的意见［J］．编辑之友，1985（1）.

[104] 王华良．把编辑出版真正作为科学来研究——读林穗芳著《中外编辑出版研究》［J］．编辑之友，1999（4）.

[105] 王一禾．一笔一画的觉悟——追忆恩师林穗芳先生［J］．编辑之友，2010（4）.

[106] 王一禾．忆恩师林穗芳［M］//黄书元，张小平．人民出版社往事真情．北京：人民出版社，2011.

[107] 王华良．林穗芳未及出版的自选集［J］．出版史料，2013（1）.

[108] 王小椒．林穗芳编辑实践与思想研究［D］．长沙：湖南师范大学，2013.

[109] 吴平. 图书学新论 [M]. 太原：山西经济出版社，1998.

[110] 吴平. 编辑本论 [M]. 武汉：武汉大学出版社，2005.

[111] 杨丹丹. "文化兴盛，出版有责"——刘杲同志编辑思想研讨会综述 [J]. 出版科学，2012（1）.

[112] 中国出版科研所编辑出版研究室. 书报刊文字差错评析 [M]. 北京：中国书籍出版社，1993.

[113] 中国编辑学会编，邵益文，周蔚华主编. 普通编辑学 [M]. 北京：中国人民大学出版社，2011.

[114] 周领顺. 我和"编辑学"英文术语"Redactology" [J]. 出版科学，2012（1）.

[115] 朱慧茹. 第二届韬奋出版奖获得者林穗芳 [J]. 编辑之友，1991（3）.

[116] 张明惠. 饮水思源 编辑情深——忆敬爱的林穗芳同志 [J]. 编辑之友，2010（4）.

[117] 佚名. 译坛奇才林穗芳 [EB/OL].［2013-09-27］. http：//www. gd. xinhuanet. com/newscenter/ztbd/2006-09/27/content_8142452. htm

[118] 图书质量保障体系 [OL].［2013-07-26］. http：//baike. baidu. com/link？url＝_PvDdJtGYzwQZZ6N9s2tW6UEKeKVOQVsuefaKeZSQPbtZhsgfttDFJIC8Tq7rz0Z-OpqvSJ-LzMhfHiqBh0qB_